帮助父亲加强或重建与女儿的关系，并由此塑造和改善女儿的人生！

强爸爸好女儿

父亲决定女儿一生的10个秘密

【美】梅格·米克（Meg Meeker, M.D.）著

孙璐 译

谨以此书献给我生命中所有伟大的男人。

献给沃尔特（Walt）和"T"，你们对我的好让我觉得受之有愧。

献给我的父亲，沃利（Wally），谢谢你给了我生命，并把它塑造成今天的样子。

献给我的兄弟迈克（Mike）和鲍勃（Bob），你们无与伦比，我非常爱你们两个。

《强爸爸 好女儿》让每一位父亲意识到,他的存在对于女儿是多么重要!作者在书中讲述了教养女儿的10个"秘密",帮助父亲拥有一个正确看待女儿的视角,明白自己应在女儿的生活中发挥什么作用。即便你并不完美,但在养育女儿方面却能够朝着完美不断迈进。

——中国教育报刊社全媒体中心副主任、资深记者 郜云雁

无论合格或不合格,爸爸对女儿一生的影响都是全方位的、决定性的。这本书将帮助你学着做一个合格的爸爸。从现在开始,一切还来得及。

——中国家庭教育学会宣委会副秘书长、《中华家教》主编 陈光

我与丈夫育有一儿一女。

妈妈与儿子、爸爸与女儿,这种"大金星vs小火星"、"大火星vs小金星"的对角线组合里到底会发生什么,我们从各自的交叉关系里需要获得什么,应该给予什么,常常让我与丈夫感到困惑甚至束手无策。

真心感谢梅格·米克博士,她为我们提供了专业可信的答案。"女儿为何需要爸爸的实用主义""妈妈如何帮助儿子度过青春期""父母如何应对媒体对男孩心智造成的影响"……所有这些有意思的命题都来自她的三本书《强爸爸 好女儿》《好妈妈 强儿子》《男孩就该有男孩样》。我相信,它们当中至少有一本会成为爸爸或妈妈的枕边书。

——《父母世界》执行主编 朱正欧

目 录

前 言　1

第1章　你是她生命中最重要的男人　1
性活动　13

抑郁症　14

酒精　14

毒品　14

媒体使用情况（电视、电脑、DVD、视频游戏、音乐）　15

小女孩　16

年龄较大的女孩　16

第2章　她需要一个英雄　21
领导力　24

毅力　32

第3章　你是她的初恋　39
言语　42

围栏　44

沉默　47

时间　47

意志　49

言语、围栏、沉默、时间和意志力：它们有什么特殊的魅力？　52

第4章　教导她谦卑　63

谦卑让她感到重要　66

谦卑能够巩固她的人际关系　68

谦卑让她保持平衡　72

谦卑让她生活在现实之中　74

第5章　保护她，捍卫她（如果有必要，用枪也可以）　77

建立一个防卫计划　81

保护她免受性活动的伤害　85

抑郁症是一种性病　92

总结　95

该怎么办　97

第6章　务实和毅力：你的两大资产　103

为什么女儿需要你的实用主义　108

教她坚毅　112

维持家庭团结　120

第7章　成为你想让她嫁给的那个男人　127

看、做、教　130

好男人很难找　136

人是第一位的　139

为你自己寻找平衡——也为她　　141

第8章　教导她信仰是什么　　149
父亲的智慧　　155
为什么需要信仰？　　156
为什么是你　　162
如何去做　　164

第9章　教给她如何战斗　　169
尽早培养她　　174
阐明你的道德观（理直气壮地）　　177

第10章　与她保持连通　　187
工作，娱乐和计划　　190
孤独的青少年　　192
在压力下生存　　194

后 记　　199
认识你对她意味着什么　　200
睁开你的眼睛，看看她的世界（与你的世界不同）　　200
为她的身体而战　　201
为她的心灵而战　　202
为她的灵魂而战　　203
为你与她的关系而战　　203

参考书目　　205
致　谢　　213
引　文　　215

前　言

　　1979年9月，我的父亲对我说了一句话，这句话改变了我的人生。这一年，我刚刚从霍利奥克高中毕业，我申请了好几所医学院，却都被拒绝了，所以，我只好待在家中另做打算。一天晚上，我上楼的时候，听到父亲和一位朋友打电话。这不太多见，因为我父亲不是一个喜爱社交的人，也很少与朋友通过电话聊天。于是，我站在他书房的门外（门是虚掩着的）听他说些什么。

　　"是的，"他说，"他们很快就长大了，对吧？告诉你一个好消息，我的女儿梅格明年秋天要去读医学院了，虽然她现在还不知道会读哪一所。"

　　我的脑子一热，觉得自己险些晕了过去，他究竟在说什么？医学院？我刚收到了一大把的拒绝信。我明年秋天要去读医学院？他怎么能这么说？他是不是知道什么我不知道的事情？

　　不仅是他的话语改变了我的人生，他的语气、音调和自信也对我产生了惊人的影响。我的父亲相信连我自己都不会相信的事情。他不仅相信，而且，作为一个医生，他以自己的名誉向朋友做出了担保。

　　离开书房门口的时候，我的心跳得很快，激动不已，因为父亲的信心给了我希望。读医学院是我从十几岁起就有的梦想。1980年秋天，如我父亲所言，我真的进入了医学院。他经常给我打电话，询问学习方面的细节。比如，我是否听得懂解剖课？在组织学方面是否投入了足够的时间？我需不需要看幻灯片，哪怕只是为了好玩？我的回复并不重要；无论怎样，他都会把幻灯片打包寄到我的宿舍，这样，星期五的晚上，我就可以做些有趣的事情了，同时也会学到很多东西。

　　请不要误会，我的父亲不是一个擅自为子女安排人生的人，实际上，很多时候，他都不鼓励我学医，因为他相当准确地预言了从事护理医学管理工作的艰辛和苦恼。但我自己愿意学医——是为了取悦他吗？不是，我没有必要这么做。我想学医的原因是，我要成为一名整形外科医师，这样就和父亲的朋友们一样了。他曾经让我走进手术室，观摩长达几个小时的手术，这是我见过的最酷的工作，所以，我也想从事这样的职业。

　　父亲给了我信心。自从我把他视为医疗领域和家庭中的杰出人物，我就知道他所相信的东西是正确的。无论父亲说了什么，我都对他的话坚信不疑。

　　父亲也使我有了自信。他让我知道——我搞不清他用的是一种怎样的方式——我能够做到自己想做的任何事。他教授的医学课上的女生并不多，但他说，那些女生都非常出色，既然她们能做到如此出色，我当然也能。

　　我父亲总是让我知道他是爱我的。他是一个古怪的人，安静、不爱交际、非常聪明。他用好几个国家的语言发表过医学论文，还开玩笑说，只有特殊的人才会成为像他一样的病理学家。不过，他爱我，我是他的女儿——这非常重要。可他经常对我说他爱我这句话吗？不是的。他的话不多。那么，我是怎么知道他爱我的呢？我就是知道。因为，我曾听到父亲告诉我母亲他担心我；哥哥和我离开家去上大学的时候，我看到他哭了；我参加的许多体育赛事，都有他来观战，但他错过的比赛更多。这些都不重要，我知道他认为我是个了不起的运动员。（实际上，他甚至高估了我的能力，不过，我不想和他在这个问题上争论。）我知道他爱我，因为他发动全家人一起出去度假，大多数时候我不喜欢去，特别是在我十多岁的时候，但他总会说服我。他知道我不知道的东西，他知道我们需要时间共处，在同一个营地露宿，在同一间餐室吃饭，在同一条山道远足，乘同一条独木舟探险。

我父亲不顾一切地保护我，甚至到了让我几乎不好意思与任何人约会的地步。他是个猎人，而且他会让我历任男友知道这一点，当他们走进我家，就会看到墙上挂着的麋鹿头，我父亲会确保让他们知道是谁把麋鹿头挂在那里的。他觉得自己是在表现幽默感，可我却认为他让我难堪。但他会保护我，把我从我自己（而不是那些欺负弱小的男孩或怪物）手中拯救出来，因为我还年轻，太容易相信别人，而他在我有所意识之前很早就知道了这一点。

我的父亲不太会说话，很多时候，他也不善于倾听，偶尔心不在焉。我读医学院的时候，我们曾经一起跑步，跑步时，他会重复问我同样的问题。他从来听不进答案——因为他总是在想些别的事情。我却不在意，总是不厌其烦地回答他。

比起父亲，我的母亲更善于倾听我们的问题，但是，当生活或者健康受到威胁的时候，我知道该向谁寻求帮助——我的父亲。他是个硬汉，严肃而坚强，他专注地热爱着自己的家庭。在父亲心目中，他最重要的工作就是确保自己的家人得到照料，实际上我们也一直被他悉心地呵护照顾着。

我父亲现在已经步入老年，比起照顾自己，我需要花更多的时间照顾他，但是我知道分寸，因为他已经对我言传身教过。我们不再一起跑步，他有脊柱侧弯的毛病，只能拖着脚走，他的脊椎形状就像一个大写的字母C。他还是愿意重复问我问题，现在不是因为他在想别的事情，心不在焉，而是由于记忆力衰退。虽然他的头上仅剩几绺白发，但还是保留了古怪的脾气和不爱交际的个性，而且，他对我的爱始终如一。他是个好男人。

当然，世界上的好男人很多，但其中的不少人都受到了社会文化的嘲笑，这种文化并不关心你，藐视你在家庭中的权威，否认你的重要性，而且试图让你对自己的角色产生困惑。不过，我可以告诉你，父亲能够改变子女的人生，我的父亲就改变了我的人生。你是天生的领导者，你的家人期待你表现出作为父亲应有的素质。你之所以成为男人，是有一定原因的，你的女儿希望得到你的指导，这是她从母亲那里得不到的。

请在与家人沟通的时候面带微笑，尊重家庭的规范，这将对你的女儿产生重要的影响。

我希望你能够站在女儿的角度看待你自己，这不是为了她，而是为了你，因为，如果你能换位思考，哪怕只抽出十分钟，你的人生也将因此而不同。当你还小的时候，父母是你的世界的中心。如果你的母亲心情愉悦，你也会享受快乐的一天。如果你的父亲哪天闷闷不乐，你在学校里也会觉得心神不宁。

女儿的世界比你的世界小得多，不仅是就身体和活动范围而言，情感方面亦是如此。她的情感更脆弱，更温柔，因为她的个性就像一块放在砧板上的柔软面团，可塑性强。她每天醒来，你都会像揉面团一样亲自塑造她，怎么动手都取决于你。日复一日，你塑造女儿的方式将会改变她的人生。

至于你和我，作为成年人，都是已经"出炉"的面团，外皮已经坚硬。生活曾经伤害我们，也曾恩待我们，甚至几乎夺走过我们的生命。然而我们还是活了下来，不是因为我们的父母仍然爱着我们，而是因为我们开始需要另一个人——朋友、配偶或者孩子——继续关心我们。正因为这世界上有关心我们的人存在，所以我们早晨才能醒来。

你的女儿早晨能够醒来是因为你的存在，世界上先有了你才会有她，你是她的小小世界的中心。朋友、家人、老师、教授或者教练都会在不同程度上影响她，但他们无法塑造她的性格，只有你才能，因为你是她的爸爸。

爸爸们，你们比自己想象的要强大得多，我写这本书的目的就是向你们展示如何运用你的力量，与你的女儿一起改进你们的生活，从而丰富你们的人生，取得更多的收获，给你所爱的人带去更多益处。后文中提到的都是一些十分朴素的理念。读者们都知道，我们应该更好地去爱，表现出更多的耐心、勇气、勤奋和信念,可是,我们是否有能力做到呢?

部分而言,这涉及观察角度的问题。更好地爱你的女儿在你而言比较复杂,对她来说却十分简单。成为女儿心目中的英雄这个目标,听起来似乎遥不可及,但实际上很容易就能实现。保护她,教给她如何看待上帝、性和谦卑并不需要你拥有心理学学位,只要你愿意尽到做父亲的本分就可以做到。

我并没有随机选择一些做父亲的人,与他们讨论这些问题,许多年来,我一直留心倾听做女儿的人的意见,了解她们对自己父亲的看法。我也和无数的父亲谈过话,接待过前来咨询的女儿,对一些家庭进行过心理辅导。我阅读过精神病学文献、论文、心理学期刊、宗教研究文章和儿科杂志。这是我的工作。但我会告诉你,没有任何一篇研究论文、教科书案例或是权威指南能够指导你在极大程度上改变一个年轻女孩的生活,甚至连帮助你与女儿互动都难。

从你女儿的角度来看,加强她与你的关系永远不晚。所以,请大胆而为。你的女儿希望得到你的指导和支持;她想要也需要与你建立牢固的联系。而且,正如所有成功的父亲知道的,你也需要和她建立牢固的联系。这本书将告诉你如何加强这种联系,或者重新建立联系,并且通过它塑造你的女儿的人生——以及你的人生——使你们拥有更加美好的未来。

Chapter 1
You Are the Most Important Man in Her Life

第1章
你是她生命中最重要的男人

父亲们是阻挡在女儿和这个有毒的世界之间的铜墙铁壁。

第1章
你是她生命中最重要的男人

男人，好男人：我们需要你。我们——母亲、女儿和姐妹——需要你的帮助，需要你培养出健康的年轻女性。我们需要你倾注所有的阳刚气概和睿智，因为父亲比任何人都有能力设定女儿生命的航程。

你的女儿需要你做最好的自己：你的力量、你的勇气、你的智慧，还有你的无畏。她需要你的同情、果敢和自信。她需要你这个人。

我们的女儿需要只有父亲才能提供的支持——如果你愿意指导你的女儿，保护她不受有毒文化的侵害，愿意为她营造更加健康的环境，你得到的回报将是无与伦比的。你将体验到来自女儿的独一无二的爱与崇拜。你会感受到从别处体会不到的骄傲、满足和喜悦。

二十多年来，我一直都在倾听做女儿的人的心声——有时还要给那些缺少父爱的女孩发放抗生素、抗抑郁药物和兴奋剂——因此，我深知父亲的重要性。我曾经连续数小时倾听女孩讲述她们为了减肥在初中学校的洗手间里呕吐的经历。一些十四岁的女孩告诉我，为了保住自己的男朋友，她们不得不为他们口交。我见过女孩们退出学校的网球队，甚至退学，在自己的身体上纹上字母缩写和邪恶图案——只是为了看看她们的父亲是否能够注意到这些变化。

我见过女儿们与她们的父亲谈话时的样子。当父亲走进房间，她们就像变了一个人：眼神、嘴型、姿势和身体语言都会变得不一样。女儿们从来没有对父亲的存在表示漠不关心。她们也许认为母亲的存在是理所当然，但父亲却不一样，当父亲出现在女儿身边的时候，她们要么精神振奋，要么心情沮丧。她们会密切地关注你，思考你说的每一句话。她们期望得到你的注意，在懊恼——甚至绝望——中期待你的关怀，哪怕是你的一个赞许的手势，或者是鼓励的颔首，甚至简单的眼神交流，都会让她们知道你关心她们，愿意提供帮助。

有了你的陪伴，你的女儿会努力让自己成为更优秀的人。有了你的言传身教，她学得更快。有了你的指导，她更有信心。如果你完全清楚自己能够如何深刻地影响女儿的人生，你会感到畏惧，不知所措，或两者兼而有之。你女儿的男朋友、兄弟甚至丈夫都不会像你那样塑造她的性格。你将影响她的整个人生，因为这个权威她给了你而不是别的任何男人。

许多为人父者（尤其是少女的父亲）觉得他们对女儿的影响力并不大——他们认为肯定不如女儿的同龄人或流行文化的影响大——而且觉得他们的女儿需要自己搞清生活的意义。但你的女儿面对的是一个与你当年的成长环境明显不同的世界：它没有那么亲切友好，道德缺失，甚至非常危险。六岁之后，"小女孩"的衣服就很难买到了，很多衣服的款式是要让她们像个十三四岁有魅力的女孩，似乎是为了吸引年龄较大的男孩。比起上几代人，现在的女孩会更早进入青春期（男孩们会看到，女孩在九岁时乳房就发育了）。满十岁之前，无论父母是否许可，她们会在杂志或电视上看到性暗示的语句或性行为的明显场景。她们会在小学中了解到 HIV 病毒和艾滋病，也很有可能知道此类疾病的传播原因和途径。

我的儿子在教区小学上四年级的时候，老师给全班布置过一项科学作业：每个学生必须写一份有关传染病的报告，主题从她给出的传染病列表里面选择。我的儿子选择写 HIV 和艾滋病（很多学生选择了这个主题，因为人们经常谈论），他知道这种病毒，还有如何采用药物注射和服用的方式治疗艾滋病。接他放学之后，我们顺路去了趟杂货店，当我的车驶入停车场，他向我讲述了他的发现。然后他说："妈妈，我只是不明白，我知道HIV是非常危险的，得艾滋病的人会死，而且我也知道男人和女人之间是如何传染这种病的，但男人是怎么传染给男人的呢？我不清楚这是怎么发生的。"

我深吸了一口气，我已不再是当年那个神经脆弱的人，我是个医生。我已经习惯了与病人谈论那些与性有关的健康风险。而且，我坚信，应该对所有病人一视同仁，无论他们是异性恋还是同性恋。然而，令我伤心的是，我知道，从儿童心理的角度来看，与我的儿子讨论详细具体的性行为（超越了简单性交的性行为）为时过早。告诉他小孩是如何生出来的是一码事，和他谈论他不能理解、在他的年龄也不应该去了解的性行为则是另一码事。我觉得，作为儿童，他保持天真无邪的权利似乎受到了侵犯，虽然我从不隐瞒信息，因为知识是很重要的，但传播知识的时机更加重要。因为此类知识受到惊吓的小孩会失去原本的质朴与矜持，而这种矜持具有一种保护功能。在杂货店的停车场里，我尽量委婉地回答了儿子的问题，但他还是会觉得心烦意乱。这方面的知识及其触发的想象画面让他了解到自己不想了解的知识，而且，就其年龄而言，他也没有做好了解的准备。在今天的世界上，我们成年人常会违反自然，让儿童无法正常扮演儿童的角色。我们的孩子被迫过早地进入成年人的世界，而这个世界，甚至连我们自己的父母或祖父母都会认为过于淫秽。

当你的女儿升入五六年级的时候，她会了解到什么是口交。用不了多久，她就有机会亲眼目睹别人实施口交的过程，因为青春期性行为方面的流行趋势是当众展示。她会自如地讲出"安全套"这个词，也会知道安全套是什么样子，因为在电视或学校中可以看到它们。许多好心的老师会诚实地与她谈论性的话题，并且引以为豪，因为他们下定决心打破成人不得与儿童讨论性活动的禁忌。问题在于，很多这样的健康（性）教育者所掌握的信息远远落后于时代——但错不在他们。一方面，他们的知识经常是过时的，另一方面，很多名人也没有起到好的作用。例如莎朗·斯通，她最近表示，美国的青少年应该选择口交而不是性交。我猜，她之所以这么说，是因为相信口交相对安全一些。难道她不知道，一个孩子可以从性交获得的任何性传播疾病（STD），都可以通过口交得到吗？我怀疑她并不知道。当然，她很可能觉得自己处于性教育的新时代的前沿，但问题是，她的假设已经过时了，她也没有花时间去了解科学研究的成果，她并不知道我们医生所掌握的信息。然而，像她这样的名人可以影响数百万青少年，向他们传递所谓"安全的性"方面的信息，不幸的是，这些行为并不安全。

大部分学校中的教师所掌握的知识也高明不到哪里去，他们知道很多孩子处于性活跃状态，而很多父母却不知道自己的孩子忙于性活动。但老师们要按照政府规定的课程授课，而政府官僚的认识水平更是跟不上医学发展的速度。此外，政府制订的标准并不是完全基于科学，而是根据许多父母可能不会同意的原则。

性教育课程一般是遵循美国的性知识教育委员会（SIECUS）的指导方针。性知识教育委员会是一个非营利性的宣传组织，提倡"帮助孩子树立对于性的正面看法，向他们提供关于性保健的信息和技能教育，帮助他们获得在现时和未来做决策的能力"。让我们回顾一下性知识教育委员会指导手册中的一些条文，以便帮助你了解你的女儿在学校中所学的性知识。

对于五到八岁的儿童（幼儿园到二年级）：

◎ 为了获得良好感觉而抚摸和摩擦自己的生殖器叫作手淫。
◎ 有的男人和女人是同性恋，意思是他们会被同一性别的人吸引或者爱上同性。（这两条在手册的年长儿童部分。）

对于九到十二岁的儿童（三年级到六年级）：

- ◎ 手淫通常是一个人体验性愉悦的第一种方式。
- ◎ 与另一人有性关系通常不仅包括与他（她）性交。
- ◎ 在美国，在孕期的特定时间堕胎是合法的。
- ◎ 同性恋关系可以以异性恋的方式得到满足。(这几条也属于年长儿童部分。)

对于十二到十五岁的儿童（七年级到十年级）：

- ◎ 手淫，无论是自己进行还是有人协助，是人们享受性行为和表达自己的性欲望，而不必担心怀孕或患上性病/艾滋病的一种方式。
- ◎ 与另一人存在性关系通常涉及多种不同的性行为。
- ◎ 进行合法堕胎不会对妇女未来怀孕或生产造成影响。
- ◎ 所有性别和性取向的人都有可能体验到性功能障碍。
- ◎ 与性伴侣从事的性行为包括接吻、抚摸、爱抚、按摩，以及口交、阴道性交或肛门性交等。
- ◎ 用于避孕的非处方药具包括男用和女用安全套、泡沫、凝胶剂和栓剂。
- ◎ 年轻人可以在药店、杂货店、市场或便利店购买非处方避孕药。
- ◎ 在美国的大多数州，年轻人可以在未经父母同意的情况下得到处方避孕药。
- ◎ 男人和女人都可以给予和接受性快感。

对于十五到十八岁的青少年（十年级到十二年级）：

- ◎ 与性伴侣从事的性行为包括接吻、抚摸、聊天、爱抚、按摩、分享色情文学或艺术，以及口交、阴道性交或肛门性交等。
- ◎ 独处或与性伴侣相处时，有的人会使用色情图片、电影或文学作品增强性幻想。
- ◎ 有些性幻想涉及神秘或禁忌。
- ◎ 人们可以找到有创意和感性的方式将避孕融入他们的性关系。[1]

现在，请让我申明，我不在意成年人采取何种性行为，但我的任务是保护儿童，所以，这些指导原则令我感到困惑，我认为它们也会令你困惑。首先，它们体现出对科学的无知。孩子们的确能通过相互手淫和口交感染性病。例如，疱疹和人乳头状瘤病毒（HPV）就是通过接触传播的。第二，这些原则把一些匪夷所思的东西制订为标准。关于神秘事物的性幻想？这是在讨论性用品商店里面的货物吗？第三，它们会误导孩子。请注意后面几条的语句，它们在暗示，如果你希望享受愉悦，那么就按照这些话来做。第四，它们鼓励一些本身就存在危险的行为（如肛交）。第五，不管人们怎么看待堕胎等争议性的问题，它们都是一种误导，至少可以说是对女孩的身体、思想与情感的严肃性的淡化。

在小学里，你的女儿会了解到毒品的知识，还有嗅胶的危害，以及她为什么不能抽大麻、香烟的害处等等。她会见到她朋友们的母亲的男友，其中有些人可能很好，但有些或许并非如此。应该教给你的女儿，如果一个成年男子触碰她的私密部位或胸部（即使她的胸部并未发育），就要告诉老师、父母或者警察。应该告诉她，为什么她的朋友莎拉有两个妈妈，或者两个爸爸，或者两个妈妈和一个爸爸，或者没妈妈或爸爸，只有祖父母或养父母。就算你一直忙于工作，没有时间教育她，她也会在六岁之前自行了解到很多此类事情。

你下班回来，走进家门，看到了她——十二岁的小女孩，追赶着她九岁的弟弟，她尖声叫喊，因为他拿了她的 iPod。然后，她看到了你，两个孩子停止了喊叫和追逐，因为她不希望让你看到她丑陋的行为。

或者，你回家看到她在看电视，当你走进房间的时候，她很有可能会抓过遥控器，不停地换台。为什么？因为她不想让你看到她在看什么——她害怕你要么生气，要么对她失望。为什么？因为她看的并不是《家有仙妻》或者《考斯比一家》。她们不喜欢你小时候看过的电视剧。电视上的节目就在你的眼皮底下发生着变化。研究表明，电视节目中的性内容所占比例从 1998 年的 67% 增加到 2005 年的 77%[2]。如果你在二十世纪六十到

第 1 章
你是她生命中最重要的男人

七十年代长大，电视节目的性内容相对今天来说简直相当于不存在。我们将在后文中详细讨论这一点。不妨想象一下：你的女儿看到的电视节目中，有四分之三包含性内容（除非她十二岁时仍然在看《爱探险的朵拉》，当然，我对此表示怀疑）。除此之外，性内容的激烈程度已经越来越强[3]。在二十世纪六十年代，所谓的性内容，是芭芭拉·伊登在《太空仙女恋》中露肚脐，而到了二十世纪八十年代，黄金时间的电视节目上就出现了激烈的接吻镜头或者爱抚的暗示。不过，时至今日，这些镜头都已经过时了，现在，黄金时间的节目中播放的是隐晦的性交和口交的情节。

对于年幼的孩子——尤其是青春期早期的少年，含有性内容的图像和语言有可能对他们造成一生的创伤。请记住，你的女儿很有可能在她的男性朋友之前进入青春期，这意味着，在她上三年级左右的时候，你就得非常小心，注意她平时接触的东西。虽然电视上出现的两个人上床的镜头可能不会引起我们的注意，但这些镜头很可能会让你的女儿产生许多疑问，正是在提出疑问的过程中，她逐渐形成了对性、对青少年与成人行为的认识。如果她在很小的时候就产生了这些认识，那么很有可能对性形成负面的印象。

十岁的安娜正在读四年级下学期，她的母亲每年带她体检一次。安娜是个优秀的学生，她踢足球，适应能力非常强。然而，她母亲说，安娜最近对她父亲似乎很不满意。她父亲与她长谈过几次，并且对她呵护备至，却没有成效。她的母亲和我都不清楚这是怎么回事。当我问她为什么生父亲的气时，安娜只是耸耸肩，也许她仅仅是提早进入了青春期的"叛逆"阶段而已——她母亲和我得出如此结论。（当你听到这个术语的时候，请务必小心，因为这种情况十有八九是不正常的，在她表面的行为之下，还酝酿着更多的问题。）

又过了两个月，安娜和她的母亲再次出现在我的办公室，她在家时的情况更糟了，安娜不希望与她的父亲有任何交流，她母亲为此束手无策——作为母亲，她忘记什么事情了吗？父亲虐待过安娜吗？这些想法让她感到内疚和难受，担心安娜已经受到了父母无意之中的伤害。我们三人聊过之后，我又单独和安娜谈心。我们回顾了她生活中最近发生的事件，试图确定她是从什么时候开始感到愤怒的。她在学校里并没有遇到什么不顺心的事情，她过去与父亲和弟弟相处得也不错，也没有和学校里的任何人产生矛盾。我试探着问她是否受到过来自任何人的身体或性方面的虐待。没有，她回答。我相信了她。最后，她向前一倾身，低着头说："我看过一个节目。"我的耳朵立刻竖了起来。她继续说："好吧，我不希望我的父母知道这件事，因为他们一定会对我大发脾气。"

"安娜，你看的是什么样的节目？"我问。

"我不知道它的名字，当时我正在等着吃晚饭，我已经写完了家庭作业，妈妈说我可以看看电视，所以我就看了。就在换台的时候，我看到了那个节目，我知道我不该看，但是又忍不住要看。"她停了一下，以为我会在这里打断她的话。她看上去显然很沮丧，觉得愧疚、生气和恶心。

我等她把话说完，但她没有继续说下去。所以，我说："安娜，节目里有什么人？"

"我不知道，就是一个男的和一个女士。真恶心。你知道，她没穿衣服。"

"我知道了。他们在干什么？"

"呃。嗯。我不确定，但我一点都不喜欢这个节目。她的胸很大，那个男的在她身上。但是，你知道的，我知道这是怎么回事，因为我妈妈告诉过我。但是，看上去太奇怪了。我是说，那个男的脱掉她的衣服，把她压住，她想起来，但他不让。他看上去很强壮，而且紧紧地按着她的手。"

"安娜，我很遗憾你看到了那个节目，它一定让你非常难受。"

"我不知道。我猜是的。我是说，那不过是个节目而已。你不会告诉我爸妈的，对吧？如果你告诉了他们，他们很长时间都不会让我看电视了。"

我改变了话题,因为我清楚,如果她父母想要帮助她,就不得不知道。"安娜,你为什么那么生你爸爸的气?这和那个节目有关吗?"虽然知道答案,但我希望她能看到二者之间的联系。

"我猜我并不是这么想的。我的意思是,我知道我妈妈和我爸爸至少要做一次爱——你知道,才能生出我来。你认为我爸爸和我妈妈做过那样的事吗?我当时在想,为了生我,我妈妈必须那样忍耐我的爸爸,要是不生我,我爸爸就不用对我妈妈那么凶了。你觉得他会那样伤害我的妈妈吗?"她看上去非常忧愁。

"不,我完全不这么认为。你爸爸绝不会那样对待你的妈妈。亲爱的,那是不正常的,那是电视剧,实际上,性是美妙的,并不是你看到的那样。我敢肯定,你的爸爸永远不会像那样伤害你的妈妈。"我必须重复我说的话,从而让她相信我。

安娜经历了一段难过的日子,不过,她是在想着她可怜的爸爸。过去的两个月,她以为她爸爸是个性虐狂,是虐待女人的强奸犯,而她父亲根本不知道这到底是怎么一回事。那么,电视节目对你家的小姑娘是否有这样的影响力呢?恐怕是的。不过,你拥有完全的主动权。

也许,当你回到家中的时候,会发现女儿在她自己的房间里。尽管你怀疑女儿在看你不允许她看的节目,但你劳累了一天,已经懒得去管。(我想给你一条建议:不要在你女儿的房间里放电视或电脑,如果你和你的妻子有权决定观看什么电视节目,不妨把看电视的时间变成家人共处的时间。)

虽然你经常感到劳累,可如果你有心读到这本书,那你一定是个积极、敏感和有爱心的父亲。你是个好人,但你也许会精力不支。对你而言,这既是好消息也是坏消息。

好消息是，为了体验更丰富的生活，培养出一个了不起的女儿，你不需要改变自己的性格，只需要把你最好的个性发挥到极致。对于改善你和女儿的关系而言，你拥有全部先决条件。你无需"找到自己女性化的一面"，或者停止观看足球赛、戒掉啤酒，或者和你的女儿谈论性的细节、节育、安全套等等问题。当然，你的女儿需要你的指导和重视，但与她谈论人生中的严肃问题比你想象得更容易。

坏消息是，你需要暂时停下前进的脚步，睁大眼睛，看看你的女儿现在和未来（例如十年之后）面对的世界。这个世界险象丛生，令人畏惧，然而，这就是生活。虽然你希望世界能够谨慎和温柔地对待你的女儿，但它的残酷却超出你的想象——甚至在十岁之前，她就要体验这种残酷。即使你的女儿没有见识过丑恶的事物，它们却就环绕在她的身边：性滥交、酗酒、粗言秽语、毒品，以及想从她那里拿走点什么的坏男孩和坏男人。

无论你是牙医、卡车司机、首席执行官还是教师，无论你住在康涅狄格州一千平方米的乡间豪宅，还是匹兹堡几十平方米的普通公寓，丑恶无处不在。曾几何时，丑恶存在于某些名词之中——帮派、毒贩、"坏团伙"，似乎被这些圈子所限制，只存在于特定的社区和学校，然而，现在的丑恶已经遍地开花。

信不信由你，我不是个悲观的医生。我总是希望孩子们躲过丑恶的侵袭，或者"足够强硬"，能击倒坏的东西。很多时候——尤其是在过去的十年——我会把一些十三四岁的漂亮女孩子叫到办公室谈话，但我不知道是否应该询问她关于性活动的问题。我不想这么做。我知道，如果发现她们有性行为，我的心情会十分沉重。她们太年轻了，而风险实在太高了。

最终，我头脑里理智的部分——临床医师的专业素质占据了上风，我会这样问："你的朋友们在性的方面是否活跃？"（这是搞清楚她是否涉及性活动的最简单的方法。）"你有没有男朋友？""关于性——你是否想过？做过有关的事情吗？"这些问题的分寸需要拿捏。对孩子们来说，"性"只意味着性交，所以，我不能仅仅停留在这里。可悲的是，我需要询问她性行为方面非常具体的问题。

过去的十年中,我和几百个孩子进行过这样的互动。我无法告诉你,有多少次,那些所谓的"好孩子"眼睛盯着地面,点头肯定我的问题。

同样令人悲伤的是,这些事情并不意外,我们将在后面的章节具体探讨。不过,父亲们,你们需要知道,你们的女儿成长在一个正剥夺她们最好的权利的文化环境中。至于我这么讲是否过于夸张,请你自己来判断。让我们来看看一些关于女孩的全国性统计数字,还有一些关于男孩的数据。

性活动

- 五分之一的十二岁以上的美国人生殖器疱疹测试结果呈阳性。[4]
- 与二十世纪八十年代相比,疱疹病毒 II 型感染数量增加了 500%。[5]
- 11.9% 的女性将遭遇强迫性交。[6]
- 40.9% 的十四到十七岁的女孩遭遇非自愿性行为,主要原因是她们担心自己的男友会生气。[7]
- 如果一个十几岁的女孩有 4 个性伴侣,她的男朋友也有 4 个性伴侣,这两人又发生性关系的话,她会接触到 15 个性伴侣。[8]
- 如果以上的数字增加到每人有 8 个性伴侣(这并不少见,特别是在大学中),你的女儿就会接触到 255 个性伴侣。[9]
- 高中结束前,46.7% 的学生会进入性活跃阶段。[10]
- 每年都有 500 万到 600 万人乳头瘤病毒(HPV)新发病例。[11]
- HPV 是通过性接触传播的。有些 HPV 毒株会导致癌症,有些则不会。99% 的妇女宫颈癌是由 HPV 病毒引起的。[12]
- 一个十几岁的女孩,患上性病的风险更大,因为她子宫颈上的皮肤(上皮细胞)并未发育成熟。在少女时代,她的子宫颈上覆盖着一层名为柱状上皮的皮肤,当她二十多岁发育成熟的时候,柱状上皮被鳞状上皮取代,鳞状上皮更能抵抗病毒和细菌。

◎ 如果一个女孩服用口服避孕药超过五年，则患上宫颈癌的风险增加四倍。[13] 这很可能是由于性伴侣数量的增加和很少使用避孕套的缘故。

◎ 多达 90% 的感染了 II 型疱疹的人不知道自己已经被感染。[14]

◎ 美国有 45 万人感染了 II 型疱疹，感染者数量每年增加 100 万人。[15]

抑郁症

◎ 35.5% 的高中女生有过超过两周以上的悲伤、绝望的感觉。许多医生称该现象为临床抑郁症。过去十年中，12.4% 的非洲裔美国女性、18.6% 的高加索白人女性和 20.7% 的拉丁裔女性有过自杀企图。[16]

◎ 参与性行为会提高女孩患上抑郁症的风险。[17]

◎ 去年，曾有 11.5% 的女性尝试自杀。[18]

酒精

◎ 27.8% 的高中学生（男性和女性）十三岁前曾经饮酒。[19]

◎ 在过去的一年里，74.9% 的高中学生（男性和女性）在连续数天内曾经每天都饮用一种或多种酒精饮料。[20]

◎ 过去的一个月中，44.6% 的高中女生曾经每天饮用一种或多种酒精饮料。[21]

◎ 过去的一个月中，28.3% 的高中学生（男性和女性）曾经不止一天一次饮用过五种以上的酒精饮料。[22]

毒品

◎ 8.7% 的高中学生以各种形式使用过可卡因。[23]

◎ 12.1% 的高中学生使用过吸入剂一次或多次。[24]

媒体使用情况（电视、电脑、DVD、视频游戏、音乐）

◎ 孩子们每天会平均拿出6.5小时用在各种媒体上。[25]

◎ 其中26%的时间，他们会使用一种以上的媒体设备。[26]这意味着他们每天接触媒体的时间从6.5小时增加到8.5小时。（相当于一份全职工作付出的时间。）

◎ 每天孩子们会用3个小时看电视。[27]

◎ 他们每天的阅读时间平均是45分钟。[28]

◎ 卧室里有电视的孩子，平均每天比卧室里没有电视的孩子多看1.5个小时以上的电视。[29]

◎ 55%的家庭付费观看收费的有线电视频道，如HBO等。[30]

◎ HBO和Showtime等电视台的暴力节目占85%（最多）。[31]

此类令人不安的数据还有很多很多，但一些趋势似乎已经得到了扭转。许多学校推出了反对帮派的计划，还有不鼓励未成年人饮酒、反对吸烟或服用违禁药物等方案。少女怀孕的数量——以及青少年性活动的比率——可能有所下降。但是，无论我们可能取得何种进步，都是远远不够的。你的女儿仍然处于恐怖的危险之中——父亲们是阻挡在女儿和这个有毒的世界之间的铜墙铁壁。

不要觉得你无法和女儿的"同龄人"抗衡，或者无力反对流行文化，事实恰恰相反。是的，所谓的四大媒体——MTV、音乐、电影和杂志——它们的影响力巨大，能够左右女孩们对自己的看法、穿衣打扮，甚至学习成绩。然而，它们的影响力再大也比不过父亲。大量研究表明，父亲总是对女儿影响最大的因素。一个有爱心、温柔体贴的父亲对各个年龄段的女孩的影响都是显而易见的。

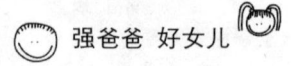

小女孩

- ◎ 受到父亲安全照顾的幼儿，解决问题的能力更高。[32]
- ◎ 如果生活中有父亲介入，六个月大的婴儿的心理发育测试分数更高。[33]
- ◎ 如果家中有父亲，孩子们会更好地处理来自学校方面的压力。[34]
- ◎ 得到父亲温暖关爱和教育的女孩更容易取得学术上的成功。[35]
- ◎ 与父亲亲近的女孩表现出较少的焦虑和退缩的行为。[36]

年龄较大的女孩

- ◎ 与父母的连通是防止女孩出现婚前性行为或沉迷毒品和酒精的首要因素。[37]
- ◎ 受到父亲宠爱的女孩更加自信。[38]
- ◎ 和父亲关系密切的女孩更愿意待在学校。[39]
- ◎ 感觉到父亲非常关心自己的女孩自杀倾向显著较低，较少出现对自己的身体不满意、抑郁、自卑、物质滥用和体重反常等情况。[40]
- ◎ 父亲用行动向女儿表达关爱，会提高女儿的自尊心。[41]
- ◎ 人生中有一个父亲般的人陪伴的女孩，会更有安全感，自我评价较高，更有可能尝试上大学，辍学的可能性较低。[42]
- ◎ 有父亲参与其生活的女儿拥有更好的量化和口头表达能力，以及较高的智力。[43]
- ◎ 21%的十二到十五岁的人表示，他们最担心的问题是没有足够的时间与父母相处；8%的父母表示，他们最担心的问题是没有足够的时间与子女相处。[44]
- ◎ 父母在其二十一岁之前离婚的女孩，寿命可能会减少四年。[45]
- ◎ 拥有好父亲的女孩更有可能不去夸耀卖弄，以期获得男性的关注。[46]
- ◎ 父亲能够帮助女儿变得更加能干，更有上进心，更成功。[47]

第 1 章
你是她生命中最重要的男人

◎ 如果父母不同意，女孩会推迟性行为；如果父母不赞成节育，她们不太可能在性方面活跃。[48]

◎ 与父亲关系密切的女孩会等待较长时间才开始性活动，而且其在青少年时代怀孕率较低；与父母住在一起的十几岁的少女，有三倍的可能性在年满十六岁之前不会失去童贞。[49]

◎ 76% 的少女表示，她们的父亲在是否进行性活动方面影响了她们的决定。[50]

◎ 97% 经常与父母交流的女孩在青少年时代的怀孕率较低。[51]

◎ 93% 拥有爱自己的父母之一的少女在青少年时代的怀孕率较低。[52]

◎ 来自中产阶级家庭的女孩，如果其父亲住在家里，那么她们非婚怀孕的风险能减少 5 倍。[53]

◎ 与父母住在一起的女孩（而不是只和母亲居住）显然较少出现生长和发育延迟的情况，学习障碍、情感障碍和行为问题也较少。[54]

◎ 与母亲住在一起的女孩控制冲动的能力较低，而且判断是非对错的意识较弱。[55]

◎ 如果父亲能够参与孩子的日常活动，孩子就更容易信任他并寻求他的情感支持。[56]

◎ 父母的管教和监督是针对青少年不当行为的有效威慑。[57]

◎ 如果父亲能够建立规则和表现爱心，孩子们在学业方面会更出色。[58]

你的女儿从你那里获得关于各类事情的暗示，包括吸毒、酗酒、犯罪、吸烟和性，以及自我评价、情绪低落、寻求青少年男孩的关注等等。

父女相处的时间——无论是吃晚饭，还是一起做功课，甚至父亲只是在现场而不多说话——都会影响到女儿人生的质量和稳定，而且，你将发现，你自己的人生也会得到可观的改善。即使你认为你和女儿的水平并不相当，或者担心对她的陪伴并没有显著的效果，或者怀疑你是否能对女儿产生有意义的影响，临床研究的事实表明，你的做法不啻是赠予女儿最了

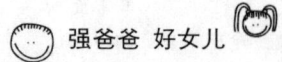

不起的礼物,而且你也是在帮助自己——研究证明,为人父母的经历可以让人的情感成长,提高其自我评价。[59]

你的女儿对你们共处的时光的看法却和你大不相同。在多年的日常生活之中,她会逐渐吸收你对她的影响力。她会看到你的一举一动,她也许并不明白你为什么高兴或是生气,说谎或是满怀深情,但你永远会是她生命中最重要的男人。

当她二十五岁时,她会在心里面将男友或丈夫与你相比。三十五岁时,她所要的孩子的数量也许会受到你和她的生活的影响。即使到了七十五岁,她对待未来的态度也会取决于久远的记忆中你与她共度的那段时光。无论快乐还是痛苦,你与她相处的时间——或者不在她身边的时间——都会改变她这个人。

十八岁时,安斯利离开了位于美国中西部小镇的家,开始了在常青藤联盟学校读书的生活。大一那年她过得很快乐。然而,大二的时候,她的内心却有所变化。现在,五十一岁的她仍然无法解释那一年自己为什么会改变。

上大二时,安斯利变"野"了,开始酗酒,最终被学校开除。她不得不给母亲和父亲打电话,告诉他们自己要回家了。她收拾好自己喜欢的人物海报、书籍,带着失望独自开车回家。

接下来的二十四小时,安斯利是在她的吉普车上度过的,沉浸在恐惧、释然和担忧的情绪交织之中。她父母会怎么说?他们会哭泣、尖叫?还是又哭又叫?胡思乱想之间,她却有一种特别好的感觉,她不知道为什么会如此,但她希望父母帮助自己筹划好未来六个月的生活。当她终于把车停到父母的家门口,她发现父亲的雪佛兰停在车库里,她也没有在外面看到别的人。她走上台阶,像个陌生人那样透过窗户朝里张望,直到父母看到了她。他们正在厨房里喝咖啡,不知怎的,这让她觉得更加安心。

第1章
你是她生命中最重要的男人

门没有锁。安斯利后来说，接下来的几分钟改变了她的一生。安斯利推开门，首先看到的是妈妈，她的脸有些浮肿，眼睛哭红了，带着疲惫、愤怒和悲伤的神情。安斯利走过去拥抱了她。

然后，她看看父亲，以为他的脸上会有她预期中的愤怒和失望，然而，她被他的表情迷惑了。他看上去非常平静和亲切。她也拥抱了他，虽然想哭，却没能哭出来。

母亲大声指责安斯利是个傻瓜，说她放弃了自己的前途，令家庭蒙羞。安斯利安静地站在那里听着。然后，就在母亲教训她的时候，父亲低声对她说："你没事吧？"她马上泪流满面。

那个时刻，安斯利意识到，她的父亲比她更了解她自己。当她感到困惑的时候，父亲却能看透她遇到了什么问题，只有他能察觉到自己所珍爱的女儿内心的破碎。安斯利的父亲并没有逼她去麦当劳上夜班，或者在当地的加油站工作，他只是等待、倾听，避免伤害到女儿。他并不在乎亲戚朋友们会怎么想，也并不担心被学校开除会如何改变她的未来，他只是关心她这个人而已。

"你无法想象那种感觉，"安斯利告诉我。"事情过去三十多年了，我从他那里感受到的爱直到今天仍然没有消褪，仿佛就在昨天。我知道他爱我。当然，他为我骄傲，但是，这不是我们关系的中心，他爱我才是。他不会让他的失望或愤怒取代他的爱。在那些时候，每当我回到家，就会从他的眼神中看出我是谁。这也让我明白，我，而不是我取得的什么成就，才是他最为珍惜的。"讲着讲着，她突然停下来，鼻子和脸颊发红。她微笑着流下几滴眼泪，摇摇头，似乎仍然为这个她热爱和想念的男人感到惊讶。她的父亲改变了她的人生。你也能改变你女儿的人生。

你必须影响女儿的人生——因为，不幸的是，我们的流行文化对女孩和年轻女性来说并不健康，而且，流行文化和你的女儿之间只隔着一层遮挡，这层遮挡就是：你自己。

父亲难以避免地会改变女儿的生活——甚至能够拯救她们。从你看向刚出世的她的第一眼开始，直到她离开你的家，你一直都在塑造着她，你与她共处、影响她的决定、塑造她的性格、帮助她找到自我——以及享受生活。在后文的章节中，让我们来看看父亲们能够如何帮助他们的女儿，包括身体上、情感上和精神上。

Chapter 2
She Needs a Hero

第 2 章
她需要一个英雄

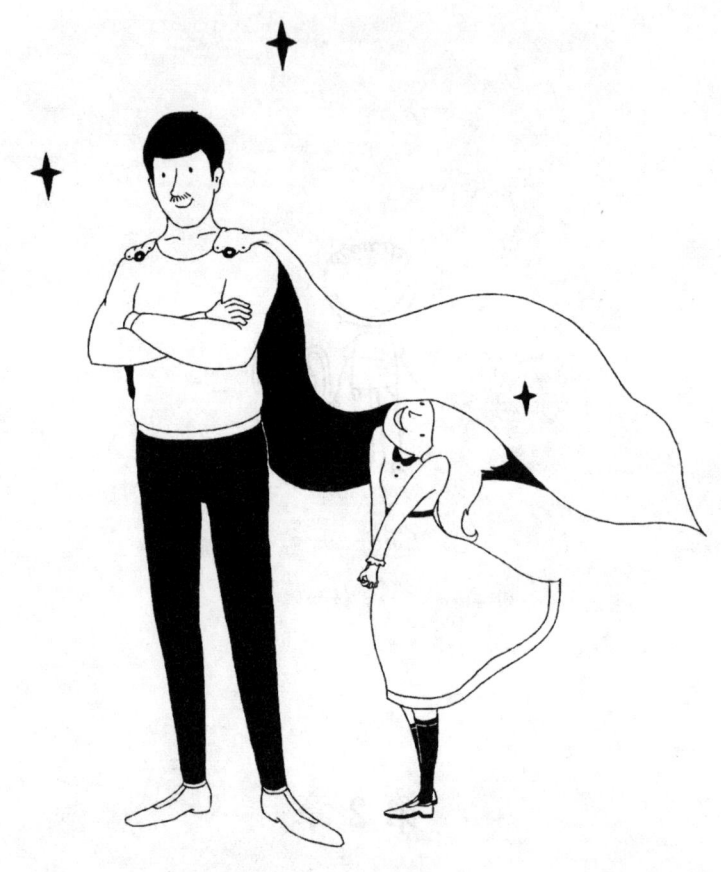

最大的危险来自于那些交出领导权的父亲，特别是在孩子的青少年时期交出领导权的父亲。对于你和女儿的关系，权威并非一种威胁，它会让你和女儿更加亲近，让她更尊重你。

第 2 章
她需要一个英雄

"你长大之后打算干什么？"你很可能在七八岁的时候听到过这个问题。你最初的想法很可能是做超人、牛仔、消防员、骑士或者足球明星。实际上，你真正想成为的是一个英雄。

好吧，我有消息要告诉你：你的女儿想要一个英雄——而她选择了你。

想想那些英雄们：他们保护大家，坚持不懈，表现出无私的爱；他们忠实于自己内心的信念；他们分辨是非，并采取正确的行动。冲进火场的时候，消防员不会在乎危险有多大，只想多救出一个吓坏了的人。

英雄们或许是卑微的，但对于被他们拯救了的人而言，他们比生命还要伟大。

那么，你如何才能成为女儿的英雄呢？首先，你应该知道，如果没有一个英雄陪伴在她身边，她甚至无法生存，她需要英雄来指导她在变幻莫测的流行文化中穿行。你应该知道，在二十一世纪，做英雄是十分艰难的，需要情感的坚韧、精神的自我控制和身体的约束。这意味着你得勇敢面对尴尬、令人不适甚至危及生命的情况，才能救出你的女儿。

你可能需要到女儿参加的派对上去带她回家，她的朋友们会在派对上喝酒，而她本人也可能这么做。你可能需要和女儿谈论她穿的衣服和她喜欢的音乐。是的，你甚至可能需要在某天早晨开车到她的男朋友家去，坚持要求女儿回家。

下面是你的女儿需要从你那里得到的东西。

领导力

你的女儿出生后，她会了解到你的声音比她的母亲低沉。蹒跚学步的时候，她会抬眼看着你伟岸的身形，意识到你是个大块头、聪明和坚韧的家伙。上小学之后，她会本能地依靠你的指导。

无论她给人以何种外在的印象，她的生活总是围绕着你喜欢她的那些方面，你希望她变得如何。她知道你比她聪明，她赋予你权威，因为她需要你爱她和喜欢她。如果你认为她不好，她也不会自我感觉良好。所以，你需要谨慎而明智地运用自己的权威。你的女儿不愿意你与她一样，她希望你成为她的英雄，是比她更明智、更稳重和更强大的人。

与你的女儿长期疏远的唯一方法是失去她的尊重，不去发挥你的领导力，或者不能保护她。如果你没有满足她的需要，她会找到能够满足的人——这就是麻烦的开始。不要让这种情况发生。

如今，一提到"权威"，许多人都会感到不安，因为这意味着政治的不正确。主流心理学家和教育学家告诉我们，权力令人窒息，是强加于人的，会压垮孩子的精神。父亲们担心，如果他们强迫孩子，或者制订太多的规则，会引起孩子的反抗。然而，最大的危险来自于那些交出领导权的父亲，特别是在孩子的青少年时期交出领导权的父亲。对于你和女儿的关系，权威并非一种威胁，它会让你和女儿更加亲近，让她更尊重你。

实际上，那些被辅导员叫到办公室、进过看守所或被学校开除的女孩，她们的父亲恰恰是缺少权威的父亲。陷入困境的年轻女性会花很多时间描述她们受到的来自父亲的伤害，她们被父亲抛弃、冷落和忽视。从她们的讲述来看，她们的父亲未能制订规则，或者是害怕制订规则，她们的父亲只关心自己的情感问题，却忽略了女儿的情感，她们的父亲不想面对任何冲突，并因此回避与女儿的言语交流，或者不愿意在她们做出错误决定时予以干涉。

你的自然本能是保护你的女儿。请忘记流行文化和主流心理学家告诉你的东西，请务必做到。

请做好准备，你的女儿希望你成为一个有权威的人物，不过，随着她的成熟，她很可能会考验你，看看你是不是认真的。父亲们，请明白这条规则，青春期的男孩迟早会挑战父亲的权威。这场一对一的"篮球比赛"将越来越激烈，儿子会逆父亲的权威而动。

让我告诉你一个秘密：很多女儿也会挑战自己的父亲，她们会与你展开力量的比拼，不是为了看看你有多强悍，而是看你有多么关心她们。所以，请记住，如果她强硬反抗你的规则，哭闹着谴责你的刻薄或者不公平，她其实是在问你一个问题：我是否值得你为我去战斗，爸爸？你是否强大到足以应付我。请让她知道，答案是肯定的。

我上大学的时候，我的父亲对我保护得非常严格，以至于我认为他可能得了精神病。我就读的是一所女子大学（是我自己决定的），所以并没有给我父母带来太多麻烦。我是家里的大女儿，有一种长女的责任感。大四之前那个夏天的晚上，一个英俊的家伙——他大学刚毕业，找到了一份非常令人羡慕的工作——邀请我吃晚饭。当他来我家接我的时候，我爸爸向他做了自我介绍。不幸的是（或者可以说幸运的是），我爸爸看出了这个家伙有些不对劲的地方。我之所以没有看出来，是因为，坦白地说，他真的很可爱。父亲问我什么时候回家，是的，他提醒了我，当时是暑假，我在家里住，就要遵守家里最晚几点回家的规则。于是我告诉他，我会在十二点回家。

我们去了一家高级餐厅，随后又到另一家餐厅吃甜点喝饮料（那时合法的饮酒年龄是十八岁）。无需多说，我是如此迷恋这次约会，以至于忘记了时间。十二点半的时候，在那个可爱而安静的餐厅里，扩音系统突然叫起了我的名字，告诉我有人给我打电话。我非常羞愧，我知道是谁给我打的电话。我很尴尬，只要求约会对象开车送我回家，同时也很生父亲的气。他在前门等我，门廊的灯开着。我的约会对象送我进了屋。这个可怜的家伙想用厕所，但是，他还没有走过去，我父亲就责备他明知道我应该一个小时之前回家，却把我留到这么晚。接着，他就告诉那个可怜的家伙，我家不再欢迎他，因为他不尊重我！我的约会对象非常失望，连厕所都没有上就走了。

我火冒三丈，打算和我的父亲理论个明白。我告诉他，我已经二十岁了，完全有能力决定自己应该什么时候回家。我拒绝被他当成青春期的女孩来对待。我朝他大喊，他也不甘示弱，告诉我我是在他的家里，所以他完全有权利让我按时回家。我两天没和他说话，主要不是不接受我家的规则，而是因为他往餐厅打电话令我尴尬，更有甚者，他把我的约会对象赶出了家门！

我又和那个人约会过几次（他再没到我家来，我都是出去见他），而且真的觉得他很不错。他很亲切、聪明而且风趣。此外，他很有礼貌，不管我爸爸怎么说，我认为他对我非常尊重，我喜欢这一点。一天，我没有告诉他就去了他家，当时只是想顺便看看他。当我敲门的时候，里面出来了一位二十几岁的金发美女。我觉得恶心——特别是当我发现那个卑鄙的家伙不仅和这个姑娘纠缠不清，同时还与其他女人有关系的时候。

我意识到，我爸爸从这个人身上看出了我看不到的东西。那个在我长大成人之后要求我遵守准点回家规则，告诉我他对我约会对象的看法的男人是正确的，而且，在以前的很多情况下，他都是正确的。他从来没有放弃做父亲的权威——我现在可以告诉你，对一个青少年或者年轻的女儿来说，没有什么比有父亲强壮膀臂的保护更好的感觉了。他的权威让我摆脱困境，让我感受到爱，更重要的是，让我因为他是我的爸爸而感到自豪。

你的女儿需要你为她指出正确和不正确、适当与不适当的行为。当她上三年级、上高中或者结婚的时候——这些对她而言都是全新的体验——

第 2 章
她需要一个英雄

她需要知道你的想法对她是最好的。你是过来人，她信任你的看法。所以，请让她知道，不要怕，不要回避生活中的大问题。她希望知道你对她人生定下的宗旨是什么：你认为她应该放纵自己的欲望或者应该投身于帮助别人。

❖ ❖ ❖

艾丽十五岁的时候，她来找我做体检。她很兴奋，聊了几分钟后，她告诉我这么兴奋的原因。

"我爸爸和我刚刚从秘鲁回来，"她脱口而出。"这真是太酷了，你简直不会相信那里的山是多么美丽；我们遇到的人是多么了不起。"

"真好，艾丽，都有谁和你们一块去的？"

"只有我爸爸和我。"

"你的妈妈、哥哥和姐姐呢？他们难道不想和你们去度假吗？"

"噢，不，我们不是度假，"她说。"我们是去把医疗用品带给安第斯山脉的人，他们缺少医疗用品。一年前，我爸爸和我就计划了这次行程，我猜他只想和我一起做这件事。"

"那一定很有趣。"

"好吧，我不会认为它有趣，因为非常艰苦，我们每天都要徒步走至少三千多米的山路，在空房间里布置诊室，有时候还要在外面布置。我负责量血压，给孩子和大人做氟化物治疗，我爸爸给他们看病。"

我停下检查，想象着这个小精灵一样的小女孩爬到山上，往陌生人的嘴里涂抹氟化物药膏、风餐露宿的样子。

"你爸爸到底为什么要带你去？"

"噢，我不知道，他一直都愿意照料贫穷和生病的人。即使在国内，从我很小的时候开始，他就会带着我到镇上的救济站去帮忙。有一次，我记得我妈妈真的被他惹火了，因为我们出去买中餐当晚饭，在回家的路上，他看到一个人在公园垃圾桶里找吃的，就把车停下，带着所有的中国菜跳下车，问那个人想吃什么，那家伙选择了蛋卷——我妈妈的最爱。所以她气坏了。他从未告诉她那个流浪汉的事，所以她以为他忘了买中餐。所以，我猜我们去秘鲁的原因对他来说很自然，他喜欢关心别人。"

"那你呢？"我问。"你喜欢你在秘鲁做的事吗？"

"噢，是的，我爱做，那很棒，我真的很想去。你知道，看着我爸，一位大医生，去帮助那些缺衣少食的人，那些可能会像毛毛虫一样死在垃圾堆里的可怜人，我也想要跟他一样。我知道我的很多朋友的爸爸不会做这些事，但我爸爸很了不起，他总是把别人的需要放在自己的需要前面，我认为这很酷，我想成为他那样的人。这就是我去那里的原因。"

通过活出他的信仰，艾丽的父亲把她带到了与自己等同的境界。

请扪心自问，你的信仰是什么，想想你希望女儿成为什么样的女人。她将不仅从你的言语中学习，也从你的行动中受益。

父亲在养育女儿的过程中，能够去做的最好的事情之一就是培养她对人生的期望。这将直接影响你的女儿的言谈举止、穿着打扮、在学校中的表现，甚至她选择怎样的体育活动或乐器。你可以帮助她设定目标，帮助她确定更高的人生目标，因此，她的自信心会扶摇直上。这也会让你们的关系更亲密，因为她将意识到你是一位领导者和盟友，要帮助她开辟一条更好的人生路线。

我的十几岁的小病人们都知道，我是推迟青少年性行为的坚决拥护者。他们知道，我会跟他们谈性，他们知道我会说什么。即使他们不想听，也几乎总是积极响应，因为他们知道我是站在他们一边，我关心他们的未来。

父亲必须严格，但他们也需要有爱心、能接纳、温和宽宏。这是一个平衡的问题。说"不"固然容易，然而，不要让你的女儿把你视为敌人。不要滥用你的权威做出粗鲁野蛮、伤害她们的事情。不要企图利用她的生活来活出你的人生。不要企图把她变成你的机器人。你只需要做好一个领导者。

第 2 章
她需要一个英雄

如果你不觉得父亲的权威是天经地义的,如果你没有设置高标准,如果你不采取行动来保护你的女儿,如果你不遵循道德原则生活,你的女儿就会受到伤害,像我的病人莉亚那样。

我遇到莉亚时,她才十六岁。我推开检查室的门,看到她和她妈妈坐在里面。她们显得很庄重,既不看杂志,也不聊天,甚至连墙上的画都不看一眼。

"你好,莉亚,我是米克医生,很高兴见到你。"我伸出手。

"嗨。"

她没有抬头。

我等待着。

她仍然没有抬头。

她的母亲打破了尴尬的沉默。"我是莉亚的母亲,米克医生。她真的不希望到这里来。是我让她来的,因为出现了一些问题。我真的很担心她,她觉得抑郁。"

莉亚的母亲说话时,我看着莉亚,我只能看到她的头顶。她弯腰驼背地坐在那里,手抄在衬衫的袖子里,双腿交叉在金属椅子下面。

当她的母亲说话的时候,莉亚并没有什么反应。

"你什么时候感觉她开始抑郁的?"

"嗯……你知道,米克医生,这有点尴尬。"

莉亚看着她的母亲,摇了摇头,试图阻止她。

"莉亚,我们必须讨论一下,我知道这很难,但这非常重要。"

莉亚的视线返回到地毯上。

"你看,几个月前,莉亚去她朋友家。他是她最好的朋友,他们自小学四年级就认识了,他们花了很多时间在一起,不过,他们不是在谈恋爱。事实上,莉亚刚开始约会另一个男生,他叫杰里米。"她的母亲停顿了一下，莉亚开始在她的座位上晃动。

"好了，无论如何，这个朋友——她的'男性朋友'，而不是杰里米——请莉亚帮他写论文。米克医生，他们一直都在一起学习。有一天，我想那是个星期二——不，莉亚，是不是星期四？"

虽然越来越不耐烦，但我还是想等她把话说完。

"这无关紧要。莉亚说，她会帮助他，于是他们放学后去了他家。显然——莉亚，如果我说错了，你来纠正我——显然，他们坐在沙发上学习的时候，他压在了她的身上。"

莉亚的母亲停顿了一会，莉亚开始抽泣。

"莉亚，"我试探着问。"是这样吗？"

莉亚点点头，她母亲接着说："我不知道发生了这样的事，你知道，就是性方面的。但是，这让她很受伤。"

莉亚哭得更厉害了。

接下来的45分钟，莉亚和她母亲告诉我，莉亚信赖的朋友突然"对她不轨"，强迫她参与许多性行为。

"莉亚，你知道这个男孩对你这么做是违法的吗？他现在应该被关进监狱。你的父亲是怎么做的？"

她用沉闷的语调讲述了她父亲的回应："我爸爸对我说，'男孩就那样'，然后就打高尔夫球去了。"

❖ ❖ ❖

这件事对莉亚的打击是毁灭性的。实际上，对她刺激最大的是她父亲的毫不在意，更没有保护她，他原本可以成为莉亚的英雄。他可以冲进这个年轻人的家，要求他对女儿道歉；他可以要求这个年轻人去警察局自首。可是，他去打高尔夫球了。

如果她的父亲做过什么事情来维护她——哪怕是简单地、愤怒地给那个年轻人打一个电话——他也会免除女儿长达数月的痛苦。为了帮她减轻

第 2 章
她需要一个英雄

抑郁，我们花了整整十八个月的时间。

人类行为的基本原理之一是，权威令我们感觉良好，是的，任何人皆是如此。虽然我们本能地想要逆权威而动，但如果天塌下来，我们还是希望有人顶住，不让它塌下来。在遇到任何我们自己应付不了的问题、挑战和混乱的时候，我们都希望有人会知道怎么解决，指望他们提供支持，在我们不知所措的时候伸出援手。

爸爸们，这就是你们的女儿想从你那里得到的东西。你的女儿不必非要喜欢你的举止、你的规则、你的衣着，或者你的政治观点，但你永远不要失去她的尊重。如果你以道德信念为生活准则，行事中善用你的权威，就不会失去她的尊重，而是会成为她眼中的英雄，这正是她想让你成为的角色。作为一名儿科医生，我要对你说：请不要退缩。拜托。她对你需要的程度可能超过了你的想象。

许多精神病学家认为，父亲的反应是一个女孩能否迅速从性侵犯中恢复的最重要因素。事实上，父亲如何回应女儿受到的性侵犯可以变成她人生中的一个重要的转折点。读者不妨思考一下这一点。性侵犯可能是一个女孩可能体验到的最具创伤性的事件。很多心理学家和精神病学家指出，你对女儿受到性侵犯的回应至关重要，甚至影响到你女儿未来的情绪健康。这是有道理的，下面是原因。

当一个孩子（或成人）受到羞辱或伤害，她的自然本能是报复罪犯、战斗和保卫自己，她会尽其所能地做点什么——然而她的力量比侵犯她的人要弱，而她看到了你。在她的眼中，你强大、坚韧、聪明，她的直觉告诉她："他可以提供帮助，他就是答案，我的爸爸会把事情搞定，因为他爱我。我爸爸会杀了他。他会为了我站出来。"在你知道发生了什么之前，她早就想象出你会如何像一个英雄一样做出回应了。她的妈妈做不到这一点，但你却能。

如果你按照本能和直觉行事，如果你表现出愤怒并采取行动，她会感到安心，感到被爱，觉得受到了保护，正义得到了伸张，可怕的事件得以

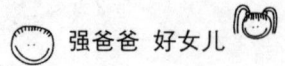

结束。如果你以英雄般的举动回应,你们两个都会是赢家。

莉亚被朋友背叛,被父亲辜负,遭受抑郁,精神错乱,忍受着无助和焦虑,纵然有母亲的照顾,也要进行十八个月的心理辅导。如果她的父亲承担起英雄的角色,莉亚会不会恢复得快一些?我知道答案是肯定的,因为我已经看到数百个类似的例子。我认为,如果他像一个男人那样站出来,而不是懦弱地耸耸肩,他或许会阻止莉亚患上抑郁症。

爸爸们,这不是一个可有可无的选项:你的女儿需要你做她的英雄。

毅力

做女儿的英雄,最困难的方面之一,就是不仅要为她决定哪些是好的,哪些是适合她的,还要让她行进在正确的轨道上。父亲们可以非常严格地要求自己,但他们也会发现,严格要求孩子要困难得多,所以他们常常感到很累。女儿可能会反抗你,操控你,让你疲劳不堪,这时就需要你拿出毅力。

拿我自己的家庭就可以举例。我丈夫和我在一起工作。与病人打交道时,他的头脑清晰,行动果断,希望病人能够按照他的建议去做。然而,当他回到家里,我们十七岁的女儿坚持要和朋友参加沙滩派对,凌晨一点才能回来的时候,他却难以决定。当时已经是晚上十点,我们两个都很累了,但女儿不累,她看着爸爸,恳求道:"求——求——你了,爸爸。"接下来发生了怪事,他的大脑居然失去了理性,这个男人一改往日对待病人明确而坚定的态度,开口道:"噢,亲爱的,我想,如果你能答应我在一点之前回家,你就可以去。"

"你疯了吗?"我脱口而出。"十七八岁的男孩女孩一起待在沙滩上,直到凌晨一点?我可不同意。"

很多时候,女儿都会使父亲就范,父亲们会说服自己:"所有的小孩都会稍微尝试一下酒精、性和一点毒品什么的,我无法永远阻拦着她不

第 2 章
她需要一个英雄

去碰这些东西。"或者:"现在她已经十七岁了,她足够成熟,足以照顾自己。"然而,就在这个女孩十岁的时候,你还信誓旦旦地说要保护她,不让她沾染所有坏的影响。而且,现在的风气比那时候还要坏。

当然,其他的孩子或许正在尝试性、毒品和酒精,但其他的孩子可不是你的女儿。如果你坚决不放弃,你的女儿会更尊重你。在你信念动摇的那一刻,你在她心目中的形象就会变得矮小。她认为你比其他父母更聪明,比她的男友更坚强,而且比任何人都更在乎她——也在乎什么对她是好的。告诉你关于所有年龄的女孩子的一个秘密:她们喜欢吹嘘自己的父亲有多强悍——不仅是身体的强壮,还有他们多么严格。为什么呢?因为这样她们就可以"炫耀"自己的父亲是多么爱她们——如果你能成为女儿和她的闺蜜私密谈话的核心议题的话。

如果你只需为她出头一次、两次或者十次,也许并不难做到。但你可能还要为她出头两百次。在女儿自立之前,你只有十八年的时间好好表现。如果你现在不为她指明方向,她过后也不会自己找到。请坚持不懈地为她设定目标,这并非易事。她可能感到尴尬,可能会生闷气,甚至会说她讨厌你,但你能够看得出来,事实并非如此。你知道十六岁的男孩看到她们穿着吊带衫会是什么反应,你知道即使一罐啤酒都能将开车的她置于危险境地。你懂的比她多得多,无论有多难,你都要坚持下去,带领她走正确的路,你必须这样做。

这意味着不仅要制订并执行规则,还要以身作则。如果你能坚持下去——即使坚持原则需要付出高昂的成本——她就能学到功课,将你视为英雄。如果她钦佩你的作为,她也会同样照着做。

在这里,我们必须面对一个棘手的问题——离婚。每一个好父亲都应该知道离婚对女儿的影响,只有这样你才能帮她。

针对男孩女孩的大量研究表明,离婚会伤害孩子,事实就是如此。女儿通常会感到被遗弃、内疚、悲伤、愤怒,常会变得抑郁。无论父亲如何试图说服女儿这不是她的错,也无济于事。在整个青春期之内,青少年通常将自己视为家庭和朋友的中心,认为无论发生了什么事,他们都要负很大一部分责任。所以,你的女儿可能不仅感到对你的离婚有责任,而且还会觉得受伤、内疚,因为她无法改变你和她妈妈的心意。无论你怎么做,这些感觉都会存在。只有时间和逐渐成熟能够帮她解决这个问题。

你的女儿也会感到被遗弃。她会问:"我做错了什么?我是不是不值得你们陪伴?如果妈妈真的爱我,为什么会走掉?"你必须从这些地方入手帮助她。

你的女儿希望父母保持婚姻,如果她看到你和她的母亲违背婚姻的承诺,就会变得迷茫。在她的心中,英雄都会继续战斗下去。在现实中,有时你却无法坚持,例如母亲离开、因酗酒而放弃家庭的话,你也会无能为力。

然而,无论如何,为了你的女儿,你可以战斗,你必须战斗。至于如何战斗,如何坚持,如何体现你的勇气,这些都不重要,重要的是你的行动总是会影响你的女儿。有时候,为了女儿坚持意味着与她疯狂的母亲周旋。也许这意味着你牺牲自己的快乐,换取女儿的幸福。这是英雄的作为,也是女儿的期望。在工作、婚姻、家庭以及整个人生中做一个英雄,这将塑造你的女儿,定义她的性格和未来。你需要明智、坚毅而英勇地领导她。

有时候,英雄主义可以为我们提供第二次机会。

道格转过身朝窗外看去。来佛罗里达州度假的目的是和妻子朱迪庆祝他们结婚二十五周年,与她重温旧梦,给他们的关系注入新的活力。他最不想听到的就是朱迪抱怨她的朋友们对她的批评。

突然,他的眼前一黑。他听到了金属撕裂的尖锐声音,还有玻璃破碎、轮胎燃烧和爆炸的声音。他的身体被抛了出去,脑子里想不通是怎么回事,是炸弹爆炸了吗?他是死了还是掉进了水里?

接着便是可怕的寂静。道格强迫自己冷静下来。作为工程师,他的理

智占了上风。"深吸几口气，找出问题所在，面对它，找出解决方法。"他撞开了被压碎的车门

说到这里，道格停了一下，他正在给我讲述发生在十几年前的那场可怕的事故。他说，他最害怕的是当他撞开车门逃出去救援朱迪的时候，却什么声音也没有听到：没有哭声，没有尖叫声，什么都没有。这时，他看见了朱迪的鞋。讲到这里的时候，道格的黑眼睛向旁边看去，他哭了起来。

他含着泪继续讲述。事故发生在佛罗里达州通往基斯的一条堤道上，一辆迎面而来的汽车越过路的中线，撞到了朱迪的一侧头部，她立刻陷入了昏迷。几周过去了，她在一个陌生的医院的重症监护室里躺着，医生告诉道格说，朱迪很快就会死去。但是她没有死。

道格委托一位朋友寻找那辆租来的汽车的残骸，他想找回丢在车上的工作计划本，回到正常的生活，恢复人生的秩序，毕竟，他是一名工程师。

他的朋友带着计划本回来了，接过本子的时候，道格有一种顿悟的感觉。他告诉我："如果上帝可以帮我从那辆残破的汽车中找到我的计划本，那么他一定会把我的妻子还给我。"

道格开始祈祷，他坚信有一天朱迪会睁开眼睛，从病床上下来，重新走路。

然后，朱迪确实睁开了双眼，她凝视着道格和医生，但眼神却是呆滞的，她一个人都认不出，什么也不记得了。

接下来，故事的叙述者是道格的女儿明迪。

"我爸爸把我妈妈从佛罗里达接回家时，我当时只有十九岁，非常惊恐。我觉得那个我认识的妈妈似乎已经不见了，好像是别人穿着她的衣服和鞋子。她看上去十分瘦弱，记不起我们一起看过的电影，还有为我辅导功课的无数个夜晚。我非常痛苦，简直要疯了。"

"生活变得很辛苦，我熟知的那个妈妈消失了，我爸爸的妻子变了。我非常想要保护我的妹妹和我的爸爸，我们的关系变得相当奇特，我担任了很大一部分妈妈的角色——当然这是我和爸爸都不希望的——管理家

务，照看妹妹。"

明迪的身体语言十分生动，毫不僵硬，她很细心，头脑清晰。她说话时直视着我的眼睛，有时候她会哭，偶尔也笑一笑。

事故发生前，她一直深深地热爱和尊敬她的父亲。事故发生后，她对他的爱和尊重更是无以复加，他成了她的英雄。

"当他带着妈妈回家时，她什么都不记得。我爸爸拿出相册，并聘请了一位老师来帮忙。爸爸不是个有耐心的人，但几周、几个月过去了，他都和她一起努力，还要照顾我们这些孩子：我、我弟弟和妹妹。"

"别的父亲可能做不到这些：每天早晨叫醒一个不知道你是谁的妻子；帮她重新想起二十五年来的生活。但我爸爸从来没有放弃过。他当然知道，我的母亲不会回到原来的样子。他不知道未来会怎样，或许会有奇迹——他总是期待着。"

"他改变了他的工作安排，他提前退休，带着我妈妈搬到了北方，那里的生活更加安静和简单。我知道他仍然十分担心她。"

"你爸爸教给你的最重要的东西是什么？"我问。

"始终如一的信念。"她笑着说。"他从来没有屈服，他坚持了下来。他坚持把生活交给上帝，坚持为了我的母亲奋斗。"

如今，已经是成年人的明迪意识到，父亲不仅是为了母亲而奋斗，也是为了她而奋斗，他希望明迪不要动摇，能够分享他的坚定信念。他希望自己的大女儿能够找到自己的力量，他是她的英雄吗？当然是，明迪告诉我，而且，在她心中，没有人可以望其项背。

❖ ❖ ❖

道格是个英雄。但我敢肯定，他自己并不这么想；英雄们都不会这样想。道格做到了一个父亲应该做的，所有男人都有能力做成道格所做的事。

你可能不这么认为，你可能会觉得他的生活听起来很凄惨，甚至可能认为他坚持了这么多年，简直是个傻瓜。

但是，你没有看到道格说话时的表情，你没有听到他平静的声音中透出的从这次经历中提炼出的智慧，那是无与伦比的。道格拥有我想要的品质，这种品质你也一定需要。那是一种无法言说的平和，是一种只能是来自锲而不舍地坚持做正确之事（即使是在痛苦中）的喜悦。

道格是一个伟大的英雄，因为他拯救了他的家人。这就是英雄的事迹，是人类内心最深处的渴望。

这是个发人深省的故事，我也绝对不是随便说说。它直击人心，真实无比，足以让听说过它的父亲们释放出阳刚之气。在太多的流行文化中，阳刚之气要么遭到贬低（通常由女权主义者），要么被人误读（例如在说唱音乐里面）。真正的阳刚之气是遵循道德规范，行使你的权威。你家的小姑娘需要它。

下面是我给所有父亲的几点提示：

1. 制订一个计划。在女儿小的时候，就确定你对她的期望。当她还是个婴儿的时候，你就应该知道自己对她的要求：从允许她说什么话到她的约会对象应该是什么样的人。现在就把你的期望写下来，并牢记在心，让你的女儿也记住。青少年喜欢与你争辩，所以，要像《十诫》那样郑重地立下规矩——并且严格遵守。

2. 拥有抵抗压力的勇气。是的，你很快就会面对压力——来自朋友、主流心理学家、你的妻子、你的女儿的压力。保持冷静，坚持到底。最好的男人同时具备善良、力量和毅力等多种品质。

3. 成为领导者。请记住，你有更多的生活经验，而不是你的女儿。即使她的智商比你高，她也无法像你那样做出决定。你能够以她做不到的方式审视全局、衡量行动后果。小孩子，尤其是聪明的小孩子，特别善于操纵父亲，狡猾得惊人。所以，好脾气的男人们要小心了，当你两岁的女儿发起脾气，不用理她，等她自己平静下来。即使她到了十六岁，也可以这样处理。如果你需要惩罚她一个星期，或者一个月不准出门，尽管去做。如果她可爱

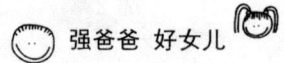

的舌头讲出难听的话或是甜言蜜语，不要当真，她还是个孩子。原则在于，你是领导，而她不是。当她有了自己的家庭，会有大把的时间领导自己的孩子。

4. 不要退缩，持之以恒。不完成最后一战，英雄们不会轻言退出。请继续战斗，与你的女儿和家庭互动，尽可能地多待在家里，保持稳重、有爱心、亲切、善良、耐心。请记住，你比女儿更有适应力。家长们常说，有些孩子在父母离婚时表现出很强的适应能力，然而这话是不对的，孩子们只是别无选择而已。而你有选择的余地。当困难来临时，你可以选择不退缩。你的女儿不能告诉你这一点，所以我会：如果有什么办法可以维持婚姻的话，一定要维持。即使你的婚姻看上去已经完了，也要坚持，尽可能留在家里与你的孩子共度，为他们着想。在女儿二十岁时离婚比在她十四岁时离婚要好。你可能会发现，应付不幸的婚姻的最好办法是坚持到底——事情真的可以改善。

在同辈人的压力下，千万不要屈服。你的朋友们（很可能是大多数朋友）或许会纵容他们的女儿。那又怎么样？风险确实存在。我每天都会在检查室中看到这些风险，我也很佩服那些做出英雄举动的父亲，在困难离开之前坚持作战的父亲——他们的妻子女儿也会很佩服他们。

这是一项艰巨的任务，但英勇的父亲们明白，每一个好男人都会完成它——只要他们尽力去做。完成它的唯一要求就是你要是个真正的男人：勇敢、坚毅、正直，做一个强大的、充满爱的丈夫和父亲。所以，请听从你的直觉，做正确的事情，成为英雄。

Chapter 3
You Are Her First Love

第3章
你是她的初恋

　　早年的父女关系对她来说至为关键。你给她的爱是她最早得到的爱。她会把每个走进她生活的男人与你比较，把她的每段恋爱关系拿出来与她和你的关系比较。如果你们的父女关系很好，她会选出待她很好的男朋友。如果她认为你是个开明和热情的人，她会以自信的态度对待其他男人。如果你冷漠无情，她也会发现很难以健康的方式表达爱意。

第 3 章
你是她的初恋

托马斯·阿奎那认为,爱是所有其他激情的源头——仇恨、嫉妒和恐惧。当我和女儿们谈论她们的父亲时,气氛总会变得十分的感性。她们要么崇拜,要么讨厌自己的父亲——有时候是既爱又恨。你的女儿渴望获得你的爱,她需要你在她的生活中证明你对她的爱。

女儿固然熟悉她的母亲,然而你对她来说却是一个谜。你是她的初恋,所以,早年的父女关系对她来说至为关键。你给她的爱是她最早得到的爱。你在生活中还有其他的爱,然而,那时候她还没有。她会把每个走进她生活的男人与你比较,把她的每段恋爱关系拿出来与她和你的关系比较。如果你们的父女关系很好,她会选出待她很好的男朋友。如果她认为你是个开明和热情的人,她会以自信的态度对待其他男人。如果你冷漠无情,她也会发现很难以健康的方式表达爱意。

当你女儿出生的时候,氧气会涌进她的肺部,让她能够呼吸。所以,你也要用爱浇灌她的人生,让她成为一个情感健康的女人。

你会自然而然地感受到你对女儿的爱——尤其是在最初几年的生活中——但是,这并不能保证她也感受到你的爱。与父亲相比,女儿对言语、行为和情境的反应可能都比较复杂和多样。她可能会对你的每一个举动的意义做过多的解读。假设你购买了一对手镯给女儿作为生日礼物,你认为它只是一个简单的礼物。但你女儿却会认为这件礼物充满了意义，可能是好的，也可能是坏的。

与女孩们谈话时，我的一个标准问题是："告诉我，生活中都有谁爱你？"大约有一半的人回答："我猜是妈妈和爸爸，你知道，他们不得不爱我。"四分之一的人会疑惑地看着我。其余的四分之一则会耸耸肩膀说："我不知道。"

并非只有我一个人观察到了这个事实。美国儿童委员会的一项全国性调查发现，当被问到父母是否"真的关心"他们的时候，十到十七岁之间的97%的孩子（来自完整家庭）相信，父亲真的关心他们；71%的再婚家庭的孩子认为父亲关心他们；而单亲家庭，这个数字是55%。

如果你拥有稳定的婚姻，实际上是帮了你的女儿大忙。但是，照目前的文化来看，你需要保持警惕。为了确保女儿感受到你的爱，你可以采取下面的一些实际步骤。

言语

使用它们。男性和女性的主要区别之一就是运用言语的方式。女人喜欢说话，男人不喜欢，就是这样。你可能会和儿子看三个小时的足球比赛，却不说一个字——你们俩照样会很高兴。不过，你的女儿可不喜欢那样。你得和她说话，语言数量最好是你平时所说的话的两倍，即使这意味着要把一句话重复两遍。女儿们非常容易自我怀疑，所以，多多赞美她们，这样她就能知道你的赞美是真诚的。

她说话的时候，希望得到你的回应。你的女儿不仅对自己敏感，还对别人敏感，她总会问自己：他喜欢和我在一起吗？他不说话是因为在想事情吗？他生气了吗？他不高兴了吗？她希望你快乐，因为那样的话，她的生活也会更好。她经常会充当你的私人助理，尽其所能地改善一切，你是她世界的中心。

第 3 章
你是她的初恋

作为回报，首先，也是最重要的，你需要告诉她，你爱她。不仅要在特殊的场合，还要定期说这句话。在她五岁的时候，说出这句话或许容易些，而当她十五岁时，恐怕就不那么简单。她需要你把这句话挂在嘴边，当一位女儿从她父亲口中听到"我爱你"时，她会觉得心满意足。

但是，你的工作还没有结束，因为她的下一个问题可能是："我也爱你，爸爸，但是为什么呢？你为什么爱我？"

你可能会发现这有点令人抓狂，但是，她需要听你说话，她想知道你为什么爱她，以此测试你的诚意。这种问题会令男人不知所措，但是，我要警告你，七岁的女孩或许能够仅仅满足于"我爱你"这句话，十七岁的女孩则希望你给她一个解释，她并不打算激怒你，她只是真的想知道而已。

所以，你需要做好准备。反思自己的女儿的性格，赞美她最好的品性，谈论她的敏感、同情心和勇气。按照你对她的看法，你的女儿会在脑海中画一幅画，画中人就是她想要成为的人。

你需要格外小心。很多时候，父亲的评价会无意中伤害到女儿。如果你评论的是她的体重、外貌、竞技实力或者学业成绩，她会专注于她的"外在自我"，并试图通过她的成就和外观来留住你的爱。你的女儿希望你欣赏她内在的素质。请务必给出正面的意见，积极地肯定她，称赞女儿的这些素质，这样你就不会失言了。

不要说"我爱你，因为你是如此美丽"。告诉她，你爱她，是因为她在世界上是独一无二的。

对男人而言，表达情感可能比较困难，爱别人也并非易事。如果你不愿意用言语表达你的爱，可以写一封信给她。所有年龄段的女孩都喜欢通信和记笔记。你可能认为这样做太俗气，但我向你保证，她不会这样想。请称量一下你对她的爱，以最简单的方式将它写在纸上，把信放在她的床上、书包里或抽屉里，无论放在哪里，她都会看到你的赞誉。如果你怀疑我的建议，不妨做个实验。

给她写张便条，用任何一种方式对她予以肯定，把便条放在她能找到的地方。接着，半年或一年后，去找找那张便条。我敢保证，你会在一个特殊的地方发现它，她会把它保存起来，因为她总是希望与你建立联系，希望能被你爱。即使当她长大了，你们之间的感情有所变化，纸上的话语却不会变，她需要这些话语。

围栏

一般来说，男人比女人善于建设围栏。我不是说字面意义上的围栏，而是指你的女儿的需要和她周边的世界之间的围栏。

当她两岁的时候，你会定义女儿的领地：哪些是安全的，可以做；哪些是不安全的，不能做。你要确定适合她的行为和不适合的行为，界定她的行动、语言和举止，因为你不希望她受到伤害。

随着她年龄的增长，你会逐渐去掉一些围栏，或者把它们后撤一下。你给她一定的范围供她漫游，同时一直在守护着她。当她十三岁的时候，有些围栏需要加固——尤其是因为她可能会试图打破它们。你不能让她这样做，因为她还是个孩子。而且，边界的存在，会让她感到自己是被爱的。

遵守准时回家规则的女儿知道，有人希望她早些回家，而且，对方很有可能正在家中等她。不受这个规则限制的女孩们则有可能四处游荡。那些被告知注意自己的语言的女孩知道，她们的父母希望她们长大后成为语言得体的女性。长大后在父亲面前骂人的女孩是不会相信这一点的。

青少年往往企图通过指责父亲不信任他们来操纵父亲。这种操纵经常奏效。不妨告诉你家的小姑娘，你设立的边界与信任无关，而是关乎她们的安全，是为了让她们走正路。我们每个人都要尊重自己的边界，因为这样做生活才会更安全。

我最近和史蒂夫交流过，他是美国加州的一名警察。他能讲出一个接一个的关于青少年陷入麻烦的故事——因为他们的父母要么缺席，要么不够强悍，无法为他们设定应有的边界。

我们讨论过父母要清楚地了解自己的孩子是多么困难。因为我们希望他们能够做出正确的决定，我们不由自主地假设他们会这样做。我们愿意相信，比起其他孩子，我们的孩子更强壮，更成熟，更有能力处理各种情况，而这恰恰是我们犯错的地方。

史蒂夫告诉我，有一次，他十六岁的女儿切尔西想和她十七岁的男友去看电影。

"我认识他，"史蒂夫说。"他是一个很好的孩子，他们俩都是。"

他告诉切尔西，她可以去看电影，但是首先他们得谈谈。

"她转转眼珠，咕哝了一声。"他笑道。"我知道她以为我又要开始长篇大论了，所以，我只是说我有几个问题要问她。"

"我们坐下来，我问她，如果她男友突然改变了主意，要到露天影院去，而不是去电影院，她会怎么办。'我会去路边影院'，她说。

"'好的，'我说。'假设你们去了露天影院，他跳下车，打开后备箱，翻出两提百威啤酒，你会怎么做呢？'

"切尔西告诉我，她不会喝的。她有点激动。她说，我知道她不会这么做，她会证明她值得我的信任。她准备站起来，但是我说，'等一下，切尔西，我们快说完了。就剩几个问题。你会让他开车送你回家吗？'

"'好吧，'她说。'我会看看他是否喝醉了，要是喝醉了，我就给家里打电话，让你去接我。'她笑起来，觉得这样说没有问题。我说，'很好，我希望你在需要的时候总是给家里打电话。但是，你们得喝多少酒才会让汤姆没法开车？'

"'好啦，爸爸，'她说，'这不难回答：也许六七罐吧。'"

他承认，切尔西的回答令他有些猝不及防，她给出的始终都是正确答案。他突然想起女儿已经十六岁了，这意味着他需要移动围栏了。如果他爱切尔西，就不能让她去露天影院，不许她喝酒，而是去电影院看一个电影，然后直接回家。

父亲们经常高估女儿的成熟程度，我们所受的教育认为，女孩成熟速度比男孩快，这有一部分是对的。但是，研究者现在发现，有些女孩在二十多岁之前不会发展出成人的认知能力，医学研究院的一篇文章对此进行了解释：

精神卫生研究所儿童精神病科脑成像负责人杰伊·基尔德博士用超过十三年的时间，使用核磁共振成像技术，研究了一千八百多个孩子的大脑。通过高倍核磁共振技术，他发现，青少年的大脑虽然已经长到了成年人的尺寸，却远远没有成熟。

脑的大小固定之后，它还会继续完成发育的主要阶段。大脑最后成熟的区域是前额叶皮层——主管所谓"执行"功能的区域——包括计划、确定优先目标、组织思想、抑制冲动、权衡行为结果等等。这意味着该部分的脑区决定着年轻人是否能够发展出良好的判断力和决策力。

根据新的研究，直到二十五岁左右，前额叶皮层才会达到真正成熟的水平。"对青少年来说，这有点不公平，所以，你不能指望他们的大脑在组织能力或决策能力方面达到成人的水平。"基尔德说。[1]

这是父亲必须保护自己的女儿的另一个原因。

许多父亲担心，如果强迫女儿守规矩，只会让她们更为叛逆。有些女儿的确很叛逆——但不是因为规则。她们叛逆的原因是无法在规则之外的方面获得平衡。规则不能成为你们关系的中心，真正的核心应该是爱。

但是，你确实需要规则。有些女孩的父母对她们没有丝毫限制，结果孩子进了青少年拘留中心。我也知道，即使最尽职的父亲（和母亲）也会倾向于放松管教。

即使你的女儿待在家里，也会有风险。例如，不能把十七岁的女孩一个人留在家里过夜——无论她多乖。为什么呢？因为其他的孩子会发现她是独自在家，会来你家过夜。她很有可能不会给任何大人打电话（更不用说警察了）寻求帮助。任何一个十七岁的女孩都不具备做出一贯良好判断的能力。这与她的性格或智力无关。对一个女孩而言,她太容易觉得叫几个朋友过来没什么大不了的。当然,也许什么都不会发生。但是,如果发生了呢?你不应该将她置于这样的危险之下。

沉默

大多数女孩告诉我,与母亲相比,她们的父亲更善于听,而不善于说。然而,这就出现了一个问题,想要得到父亲的注意会比较难。母亲更善于观察孩子的情绪,更愿意提问。

但是,女儿需要的是你的注意,因为她能够感觉出你的沉默背后的力量与关注。她察觉到你真的对她想说的事情感兴趣——这让做女儿的觉得自己很重要、成熟、自信和被爱。

许多父亲抱怨,他们十几岁的女儿不愿意和他们说话。这种想法通常是错误的。这些父亲只是无意中让女儿打了退堂鼓而已。如果知道谈话的结果仍然会是一成不变的谴责与纠正,女儿们是绝对不愿向你开口的。女儿们希望父亲能倾听她们的情感和观念出现了怎样的问题。如果女儿相信父亲能够倾听自己讲话,她会一次又一次地找他交谈。

倾听并不是件容易的事情,尤其是在听到的话说不通或者看上去似乎是多余的情况下。不过,但听无妨,请坐下来,看着她的眼睛,不要走神,这样做你将收获女儿对你的信任、爱和亲情。

时间

做父亲意味着毫无怨言地放弃你自己的时间。我知道这很难。男人会花费大量的时间为别人工作。当你回到家,甚至还有更多的事情占用你的时间,你可能会觉得自己与家庭很疏远。

你的女儿能够意识到这一点,因为她想要讨好你,但她也许不会告诉你她是多么需要你的时间,所以,你必须主动花时间和她单独在一起。

我知道,很多好父亲在时间方面感到有压力。对任何人来说,时间都是不够用的,缺少或滥用时间会让我们十分焦虑。我们也挤出时间陪伴孩子,而且并不想浪费它;我们希望确保这段时间使用得有效果,有意义。但这只能让你更有压力。

而花时间陪伴女儿不应该是充满压力的,因为她不需要你做任何事情,她只需要和你在一起。所以不用担心找不到活动来取悦她。她并不想搭乘你的高尔夫球车,(她也当然不想和你一起看电视。)她想要的只是你的注意,她需要经常得到你的注意。

许多父亲觉得与女儿单独相处不自在,一对一的情况下可能的确困难。但是,不妨想想她小的时候你们父女共处的快乐时光,从而拉近你与青春期女儿的距离。这样做的回报是巨大的,女儿们经常表示,她们生活中最有意义的谈话就是与父亲一对一的交流。

可以把这种一对一想得简单点,避免进行与女儿比赛的活动。总是利用这段时间平衡情绪、放松和寻找乐趣,不自在的感觉也就没有了。

如果你认为这是在浪费时间,请再好好想想。女孩饮食失调的主要治疗方法之一,就是让父亲多与她们相处。在这个过程中不能在孩子的问题上喋喋不休,而是要把重点放在一起玩乐上,这能帮助孩子把自己放置在这种健康的共处关系的中心,从而从自我中剔除病态的成分。饮食失调可能导致激动的情绪、想要操控别人或者暴躁;可以让患者躺下、大喊、哭个痛快并通过语言进行发泄。总而言之,这是一种难以应付的症状。所以,父亲可能不愿意单独和女儿待在一起。但是,与女儿一起玩乐可以让父女两人意识到,虽然患有饮食失调,但女儿的本质仍然是一个可爱的孩子,这是促进她恢复的关键因素。

我们将在后文中看到,过去的十年中,家庭成员之间共处的"家庭时间"已经大为减少,结果导致家人之间的沟通不如以前。过去的四十五年中,孩子与父母每周共处的时间已经减少了十到二十个小时,最多时每天减少了三小时。

离异的父母面对的挑战更大。父亲与孩子相处的时间更少,因为他们通常没有子女抚养权。但是,你需要挤出零星时间陪伴女儿,这些时间很可能让她有很大的改变。只要你在场,她就会有安全感。

艾德健康研究院有一些讨论如何帮助孩子解决困难的最好的医学文献。这些研究中提供的大量证据表明,感到与父母建立了联系的(以及父母花费更多时间陪伴的)孩子的饮食情况比其他孩子好得多。父母帮助孩子走出困境;来自父母的影响比压力更重要;具体而言,与父母相处时间更多的女儿更加不太可能饮酒、吸毒、少女时代有性行为或者未婚先孕。所以,父亲拿出时间与女儿共处非常重要。

意志

"如果人类的爱不能让一个人超越自己,那它就不是爱。如果爱永远是谨慎的,始终是明智的,总是充满了理性和算计,从来没有自我超越的话,那它根本不是爱。它可能是一种喜欢,可能令人感觉温暖,但它里面不具备爱的本质。"

二十世纪初,伟大的导师奥斯瓦尔德·钱伯斯如是说。他指出,爱,是一种弥漫于我们与他人的关系之间的、充满激情的感觉。它是不能被计算的,也不能被开启或关闭,而且,它必须始终存在于你和女儿的关系之中。作为父亲,你应该知道爱也需要意志力的参与。情侣之间的浪漫感觉会逐渐消褪,甚至连最完美的爱都少不了意志力的支撑。想让爱生存下去,就必须加以培育、照料、开发和实践,必须把它放置在现实世界之中。真正的爱是坚忍不拔的,它促使你付出汗水和等待,让你在愤怒时不至于讲出伤人的话语,并且它使许多人完成了不平凡的壮举。

就像你爱女儿一样自然,你对女儿的爱也会受到挑战。例如,她小时候会哭个不停,在幼儿园里发脾气、喧嚷吵闹、喜怒无常,或者说些难听的话。你的女儿，无论她多大年龄，在应对压力的时候和你都是不同的。你心情不佳的时候，可以去看足球赛、慢跑，或者钓鱼，你女儿却不会如此。她想把压力转移到你身上，这会让她觉得好过一点。所以，请做好准备——如果她很小就这么做，请不要惊讶。很多家长问我，女儿在青春期之前会不会出现经前综合征（PMS），我的回答是肯定的，虽然从医学上有点讲不通，但是我经常亲自见到。

这是不可避免的，你的女儿会经历成长的各个阶段。她会亲近你，也会扬长而去；她会崇拜你，也会不想搭理你。你必须爱她，不仅要在她乖巧可爱的时候，还要在她惹人讨厌的时候。就算她喜怒无常，你仍然需要与她沟通，当她不同意你时，你要控制自己的情绪，避免爆发。

怎样才能做到呢？自我约束、坚韧和意志力。如果你需要冷静一下，尽管去做。如果你需要独自待一会，完全可以。但是，一定记得回来。意志力、耐心、镇静和持之以恒是处理好父女关系的必要条件，除此之外，你无法更好地表达对女儿的爱。让她知道，就算她离家出走、怀孕、在脚踝上刺青、在舌头上打孔，都不能阻止你爱她。如果需要的话，不妨对她说出来。

正如钱伯斯先生所说，爱，必须推动我们超越自我。它会戳中你的每一个敏感部分，并且会把你的内心展现出来。抚养孩子是艰难的，因为做父母就像把你的心捧在外面走路一样，你的"心"会去上学，可能会被同学取笑，还会从没有停好的汽车上跳下去，它会受伤，会流血。

然而，爱是出于自愿的。你的女儿不能逼你爱她或者逼你认为她有多么好。如果可以，她会去做，但她不能。至于如何爱她、什么时候把爱表现出来，都取决于你自己。

大多数家长却刻意不去靠近他们十几岁的女儿，因为他们以为女儿可能需要更多的空间和自由。其实，她们更需要你。所以，你要坚持和她在一起，否则，她会想知道你为什么远离她。

我知道这些比较难以做到，但绝对值得你去努力。下面是一个父亲的

第 3 章
你是她的初恋

亲身经历，他用自己的意志力爱着他的女儿，度过了一段艰难的时期，并成为最后的赢家。²

刚上七年级的时候，艾莉森不得不转学。她的父母最近刚搬了家，她却不喜欢搬走。进入新学校之后，她发现有几个同学和她一样，对人生感到悲观。其中一个孩子的父亲酗酒，还有一个的母亲离家出走。艾莉森和她的朋友们经常凑在一起抽烟喝酒。经过几个月的辅导和努力，艾莉森的父母认为女儿应该休学——甚至离开家——到女孩之家接受治疗。艾莉森对此反应极为激烈。她开始欺骗父母，还偷东西。她的父亲对此感到非常棘手，虽然刚刚开始做生意，但他在当地是个十分受人尊敬的商人。

他告诉我，他觉得他非常对不起他的家庭，不知道自己在什么地方辜负了女儿。

艾莉森到女孩之家去之前的那个周末，她父亲约翰做了一件了不起的事情——他虽然不情愿这样做，但这个做法本身非常高明。他告诉艾莉森，他要和她去一个人烟稀少的岛上露营。我敢肯定，他们两人都不会觉得这是什么好玩的事，但约翰还是决定要去。不可思议的是，艾莉森收拾好了自己的东西（约翰本来以为他会不得不为女儿收拾的），甚至自动把东西拿到了车上。于是他们出发了。

在路上的四个小时，两人都没有说话，他们乘渡轮到了岛上，安营扎寨。整个周末，他们只是偶尔说几句话。他们去远足、做馅饼和看书。（我敢打赌，约翰之所以选择这个小岛，是因为他知道她不可能跑掉。）他们之间并没有发生什么惊天动地的对话。事实上，约翰说，他甚至没有提到女儿的行为或者去女孩之家治疗的事情，他们只是在外面野营而已。

回家之后，艾莉森在附近的女孩之家住了八个月。她的情况有所改观，抑郁症状也消失了，最终，她的生活回归到正轨。然而，她的高中生活却不那么顺利，约翰和女儿的关系仍旧紧张。但是，从她年满十八岁开始，两人的关系已经大为改善。到了她大学毕业的时候，约翰说，他的朋友们甚至非常羡慕他和艾莉森的关系。

二十多岁的时候，艾莉森和父亲谈起过曾经的艰难岁月，对于自己带给父母的那么多伤害，她感到内疚。她告诉他们，她很抱歉，她简直不敢相信他们能够忍受她。

我问她，是什么原因导致她的生活发生了变化。她毫不犹豫地告诉我，是她和爸爸的野营之旅。

"在那个周末，我意识到他是不可动摇的，当然，他很不高兴，但我发现，无论我做了什么，都不会把他从我的生活中永远赶走。你无法相信那让我的感觉有多好。当然，那时我才不想让他知道呢。真的只是这个原因——那次野营之旅，我真的觉得它拯救了我的人生。当时我正行进在自我毁灭的快车道上。"

❖ ❖ ❖

你将永远是你的女儿的初恋，这是多么大的一项特权啊——而且，你有机会成为英雄。

言语、围栏、沉默、时间和意志力：它们有什么特殊的魅力？

在第一章中，你读到过美国女孩面对的各种烦恼。现在，让我们来具体讨论。在你的女儿高中毕业之前（甚至初中毕业前），她或她的很多朋友都可能节食过。大多数女孩都会有十分关注自己体重的一段时期，很多人甚至出现了饮食失调的症状。根据我的经验，母亲们明白她们的女儿为什么会忍饥挨饿，疯狂地追求苗条，然而父亲们常常摸不着头脑——尽管他们是女儿恢复正常的关键——他们会想："这有什么大不了的？东西放到嘴边不就能吃下去吗，无需大惊小怪。"你们，男人们，在这方面十分幸运，根本无法体会你的女儿正被内心的恶魔折磨（所有女孩或多或少都会受到影响），无法不去"大惊小怪"。

饮食失调的现象在美国十分常见，包括神经性厌食症、神经性贪食症、暴食和肥胖。各种症状的共同之处是对食物的痴迷：要么限制它，摆脱它，要么沉迷于它。在高中毕业之前，你的女儿很可能患有这些症状之一。那么，你需要怎样做来防止任何此类情况的发生呢？

首先，你需要对这些疾病的成因有基本的了解。当然，你没有必要成为一名心理医生或专家，但如果你能够从女儿的角度看待生活会有帮助：看她所看，听她所听，感受她的感受。这真的有必要吗？是的，确实有必要。因为，根据最高水平的科研成果，除了你之外，没有人能帮助她极为有效地预防饮食失调，或者从饮食失调中恢复过来。

神经性厌食症和神经性贪食症是复杂的病症，它们给父母们带来难以置信的痛苦，也令医生沮丧。为了帮助你了解女儿的心思，我把复杂的问题简化成了几个可行的概念和技巧，以帮助你保护你的女儿。根据美国饮食失调协会的研究，导致饮食失调的主要因素是自卑、感觉自己有缺陷、抑郁、焦虑、情绪难以表达、家庭关系问题、社会文化以瘦为美、生理或遗传因素等。当然，其他因素也可能引发或加重饮食失调。需要注意的是，没有两个人的饮食失调是相同的，其多样性如同女孩的性格多种多样一样。可悲的是，90%的饮食失调（厌食和贪食症）发生在十二到二十五岁的女性身上，她们正处于身心发育阶段，处于最脆弱的状态。当务之急是认真对待此类疾病——因为它们可能危及生命。厌食（字面意思是食欲不振）、神经性厌食症可导致降低心脏速率和血压下降、脑损伤和心脏衰竭。[3] 神经性贪食症是指采取一些控制体重的措施——如呕吐、滥用通便剂或灌肠剂——之后引发的暴饮暴食。尽管很难从外部加以识别，但贪食症具有同样的破坏性，它可以导致龋齿、食道和胃损伤、化学物质失衡、心脏衰竭和死亡。所以，如果你怀疑你的女儿患有这些疾病，或者你的直觉告诉你她有这方面的危险，请立刻设法帮助她。

饮食失调通常是女孩经历的某个阶段的一部分，这个阶段从思想改变开始,接着是感觉的改变,然后是行为改变。所以,让我们窥探一下一个女孩的内心,看看她在平常的一天中会遇到什么事情——请阅读她的日记。

我来到学校,第一节课是代数,我很紧张,因为不知道我的答案是否正确——老师让我回答问题的时候,我的心脏下沉。我僵硬地坐在椅子上。蒂姆坐在离我三把椅子的位置,我知道他现在觉得我是个傻瓜,就算现在不觉得,接下来他也会这么想。呃,我的衬衫太难看了。我不想让大家都盯着它看,还是站起来吧。

我站起来回答问题。大部分都回答对了,但错了两个,这招来了大家的笑声。他们为什么要笑?我比那些混蛋更聪明,我很高兴,一切都结束了。午餐时安娜和杰茜和我坐在一起。她们是我最好的朋友,我可以和她们谈论任何事。安娜和我一个足球队,杰茜真让我心烦,因为她只吃沙拉当午餐,而且不放调味料,我觉得很惭愧,因为她比我瘦,比我漂亮,我却照吃不误。她穿0码的衣服,她太幸运了,我不喜欢跟她逛街,因为她让我觉得自己胖,我猜我确实胖。我的衣服是2码的,但如果我努力,可能也会穿0码。

我讨厌坐在她旁边,我还是感到不自在。所有走过来的男生都对着她流口水。太恶心了。我的意思是,安娜比杰茜有趣和漂亮多了。也许因为安娜比较强壮,像个运动员,也许他们觉得她丑,才不会流口水。一定是这样的。但他们不怎么和我说话,我讨厌害羞。

我无法停止思考男生和杰茜。我应该多吃点沙拉。如果能减掉几磅肉,我的感觉一定会好很多。我要开始跑步,这会有帮助。

让我们再看看她一个月后的日记。

这个感觉棒极了!我三周就瘦了十磅,挺不错。我每天都跑步,我现在几乎是0码的身材了。我的朋友们告诉我,我看起来棒极了。在学习代数方面,我仍

第 3 章
你是她的初恋

然有困难，但谁在乎呢？我读了今天的《时尚》杂志，了解到男生们真正喜欢的所有东西，我的感觉真的很好。我喜欢《时尚》上的衣服。我想成为一个演员——如果我可以克服我的羞涩、减掉更多体重的话。我会变得很出色，我知道的，我会穿很酷的衣服。我知道这听上去挺蠢，但是，有时候我喜欢假装自己被《时尚》杂志采访。但是，我现在无法实现这个愿望。没办法，她们比我瘦多了，而且肤色比我好。我一定要坚持下去。

两个月后：

我很困惑，我感到内疚。我来到一个网站，他们宣称呕吐可以让我更快地减肥。我试了一下，有点难受，但是挺有效。所以，我会坚持下去。我也要继续跑步。我每天跑到五英里。有时候我喜欢跑步，有时候却恨它。我爸爸发现了我的情况。他问我怎么了。他说我很烦躁。也许是因为我再没有来月经，我不知道。他好笑地看着我。我们的关系一直不好，我有点躲着他，因为我不想让他知道我呕吐的事情。没门，不能让任何人知道。

四个月后：

学校太可怕了，他们要把我逼疯了。我不想去上学，但我爸逼我去，他以为我得了癌症什么的。我讨厌我的功课。我不知道问题在哪儿——我只是无法集中精力。至少我已经能穿 0 码的衣服了。食物的味道太可怕了，我吃不进去。每天我都在父母发现我没吃早餐之前离开家。我不想去上学。安娜和杰茜有点怪，她们似乎不想再搭理我了。也许她们是在嫉妒，可为什么呢？我的意思是，她们比我瘦多了。我确实减掉了一些体重，但是，如果我能减掉大腿上的赘肉，我就能重新开始进食。我无法专注于数学或科学，因为这些课都在上午，上完了才能吃午饭。我无法不走神去想午饭吃什么。我应该放调料吗？杰茜不会放的。不，我也不能放。我能做得比她好。我只喝水好了。

午餐时间来了。安娜和杰茜过来了。我想逃跑，我不喜欢看人吃饭。她们是如此的幸运，她们可以吃，但我不能。我的意思是，我想我可以，但我希望变得与众不同。我一直在喝水，而且找机会溜掉了。我的老师生气了，让我去校长办公室，因为我上课迟到了一个半小时。谁在乎？

六个月后：

我爸爸和我大吵了一架。我不知道他是怎么了。他就是不明白。我是说，减肥有什么不好？他不再拥抱我了，因为他说这让他心烦。我知道为什么，我太胖了。我的法语考试不及格，我讨厌法语。我特别盼望放学。我只想睡个够。我太累了，我最好吃点维生素什么的。

发生了怪事。我洗澡的时候会掉很多头发。我的胃一直疼。我想这是因为我吃得太多。前天，我吃了沙拉，昨天，我吃了一些青豆。我知道我不应该吃的。它们让我胃疼。我跑步的时候也很紧张。我过去能跑六到八英里，现在只能跑三英里，因为我觉得喉咙里有个肿块，似乎是我的心脏在那里跳动。我不能告诉任何人这件事，因为他们会觉得我懒。我知道他们觉得我应该减掉几磅以上，我不希望他们认为我没有努力。这种感觉很好，但也很可怕。我一直在想怎么能多跑。似乎有一个怪物在我的脑子里跑来跑去，我需要坐在我的房间里好好想一想。

七个月后：

我觉得我周围的每个人都疯了，我发誓。我的意思是，我想大家都反应过度了，尤其是我爸。他每天都在医院陪我，每当他看到我鼻子里的这根管子，就似乎要哭出来。这很傻。他们为什么不让我离开这里？他们走开之后，我会把开关关掉。他们打算杀了我。难道他们不明白吗？我必须再瘦一点，我的屁股太大了。如果他们能让我吃我想吃的东西，我的感觉会好很多。我一直告诉他们：让我一个人待两天，我会吃饭的。他们到底怎么了？

第3章
你是她的初恋

我不知道发生了什么，但我的眼前突然一黑，我的耳朵响起来，我的头疼得厉害。我爸爸说我昏了过去，从床上掉了下来。他说，几个医生跑进来，把我连接到机器上，他们甚至在我嘴里面放了东西我才能呼吸。我周围的东西嗡嗡作响，有管子还有各种线。有人喊着要注射什么东西。我真的记不清楚了，我知道的是，他们疯了，他们都疯了，难道他们不明白吗？

看到这里，你应该明白是怎么回事了。首先，你的女儿开始时会一厢情愿地相信，如果自己能够瘦一点，她的生活就会变得更好。她会不停地想办法做到这一点。这些想法不会消失，因为她的朋友们也想减肥（不管她们实际上胖不胖），所以她也要减。她相信，如果自己变瘦，就会有更多的人注意她，她的自我感觉就会更好。此外，由于很多女孩幻想着做模特、为杂志拍照，或者在电视或电影中表演，她们会急于变得更苗条、更漂亮。她们会节食、锻炼，希望能够梦想成真，或者至少变得更像她们羡慕的模特和女演员。无论她去学校、足球场，还是在家看电视的时候，这些想法只会越来越强烈。

诚然，适当的节食和锻炼并没有问题，只要出于合适的理由、适度进行就可以。然而，女孩们容易走极端，这很危险。更重要的是，她的性格会随之变化，变得非常喜欢嫉妒那些受欢迎的女孩。她认为自己不受欢迎是因为胖。她会怀疑自己，充满焦虑，不确定自己能否变得受欢迎。为了感觉更好、变得更漂亮、更性感、更受欢迎、得到更多注意，她开始节食和锻炼。然而，她的节食规则会变得越来越苛刻，她不得不忍饥挨饿，甚至会强迫自己呕吐。

研究人员认为，饮食失调很难发现，因为大部分症状是亚临床型的。[4]女孩们会把这些症状精心隐藏起来。即使她们被精神和情感的囚笼所困，痴迷于特定的想法和行为，也会企图隐藏。因此，父亲们特别难以理解女儿为什么喜欢挨饿，甚至挨饿上瘾。饮食失调跟酒瘾和毒瘾不同，后两者会导致身体直接发出警报——例如宿醉感、吸毒后的兴奋感等等。而饥饿，至少在最初阶段，可以带来巨大的回报。人们会夸奖女孩们减掉了很多体重，变得更漂亮了。

好消息是：研究显示，如果父亲们能够坚持与女儿互动，可以在防止女儿患上这些可怕的疾病中发挥举足轻重的作用，你的参与也是治疗它们的关键。[5] 我要说的是，饮食失调不是父亲的错，病因是复杂的，是多种因素共同作用的结果。但是，请永远记住，你与女儿的亲密关系可以防止饮食失调，抑制它的发展，进而治愈它。

下面是一些实用的建议，不妨尝试一下。

善于利用时间

父亲与女儿相处的目的是帮助她感到身心愉快，提升她的自我评价。研究表明，与父亲情感联系更密切的女儿，会觉得自己更受重视。你与女儿的关系越好，她患上抑郁或者出现饮食失调的可能性就越低。[6] 一项研究得出的结论是——无症状组的抑郁水平最低，对父母的依赖性更强。[7]

那么，如何才能让女儿对你形成强烈的依恋呢？首先，当你和她在一起时，请把注意力放在她身上。她说话的时候，不要心不在焉。当你在看棒球比赛，她过来坐在你身边的时候，不要不理她，不要以为她不会察觉到你没有注意她。带她参加一些你们两个可以一起享受的活动。当然，她有时候会拉着你去商场，你有时会带她去看车展。这些都可以。但无论你们去哪里，一定要让她明白，你知道她的存在。向她提问题，听她回答。女孩们讨厌被人无视。没有你的关注，她不会感觉被爱，会没有安全感。要多陪陪她，多注意她，否则，你会一辈子后悔的。

如果你的时间有限，也不要担心。不妨带她到公园散散步。如果你们忍不住为了她的男朋友吵了起来，也没有关系，因为即便是争吵也是一种交流的方式。如果你不关心她，也不会和她吵——她会意识到这一点，无论她后来是否承认。虽然争吵不是你们解决问题的必要方式，但是双方也不一定会受到伤害。原则之一是，争吵结束之后，大家要和好如初，不要再提起。让一切都过去，握手言和，让生活继续——不要记仇。过几天再带她出去。

带她出去的时候，你们无须走多远，可以在公园长椅上坐坐，或者请她到厨房或者车库帮你干活——哪怕只有几分钟都可以。关键在于，当你表现出自己是真的喜欢和她在一起的时候，她会更重视你。所以，把你的时间和关注给她，你会在短期内看到，她会真的感觉到你的爱。

倾听

与男孩（包括爸爸们）相比，女孩更爱说话。女孩健谈是一种健康的表现，但是，这对你来说可能是个问题，因为男人经常容易忽略别人。你的脑子里总是想着很多事，你不比女人更擅长言辞，我们所有人特别是男人真的很忙的时候，他们无法给予别人充分的重视。

所以，当你和女儿相处时，大部分的话很可能都是她说的。你只需要耐心听着——不要假装在听。女儿会立刻看出爸爸没有在听，而这正是你不希望发生的。如果她认为你心不在焉，就会不高兴、放弃与你交流，甚至从情感上疏远你。你的任务是确保她依赖你，只有花时间听她讲话才能做到这一点。

我可以向你保证一件事：如果你每天专心听女儿讲十分钟的话，到这个月的月底，你们的关系会呈现出全新的面貌。你只需自然而然地按照男人的本性去做：花更多的时间倾听。这会让女儿有被爱的感觉。她会认为你是特别的，因为大部分人不会认真听她讲话。孩子的情感生活是以自我为中心的，她和她的朋友们皆是如此。所以，你的女儿渴望有人倾听。你不必同意她的话，也不需要反驳，如果她要求你帮忙解开一些很扭曲的想法，不用担心，她需要的只是你的陪伴，那些困扰着她的问题多半会得到自行解决。

和女儿相处时，如果你能看着她，认真听她说话，她会更愿意来找你。她的自我评价会急剧上升,她的孤独感将消失,她会更加从容地表达自己的感情。最后,因为你——她生命中最重要的男人——显然喜欢和她在一起,她会觉得自己更有魅力。她会觉得那些不想和她打交道的男生有问题(因为你比他们更聪明、更成熟)。这对她来说是一种有益的心态,对她有长远的保护作用。

用围栏保护她

边界和围栏对女孩来说必不可少,尤其是在青少年时期。请记住,无论她说什么,你都要悉心保护她,坚持执行你为她制订的规则,这会让她感到被爱,认为自己得到了珍视。她知道这些规则能够证明你在乎她。同样重要的是,这样做可以帮助她为自己设置边界,教会她哪些边界是必需的。从你的规则中(以及你的行为中),她将学到什么是可以接受的,什么不是,什么是好,什么是坏,什么是她不会去做的。

很多患有饮食失调的女孩善良、聪明、想讨好别人。请让你的女儿知道,她必须讨好的人是你。让她知道,你的标准就是她的标准,无论她的朋友怎么做,她都要维护这些标准。指导她、帮助她拒绝有害的行为,让她养成习惯。那些被鼓励要坚强的女孩,在身心和智力发展方面都更容易通过自我鼓励取得成功,她们不会突然发怒或变得意志薄弱。这也同样适用于塑造你女儿的性格:将纪律和标准、围墙与边界融入她的生活。

言辞的重要性

我们讨论过倾听的重要性,你的话语也同样重要,例如帮助预防饮食失调。关键在于:尽可能地多听,然后试着去理解她的矛盾和心中所想。请记住,当你小的时候,即使是很小的事情看上去似乎也很大。爸爸在帮助女儿正确看待事物方面作用非常重要。

作为父亲,你可能会将自己视为供养家庭的人,但是,你也要成为一个强大的老师。事实上,这是你最主要的作用。因此,不要囤积你的智慧,尽量和女儿分享，把它们化整为零，在适当的时机传授给女儿，例如她遇到相关难题的时候。

做到冷静、耐心、坦诚。告诉她，杂志上的女性并不是最好的人生榜样，那些以貌取人的人，很可能有非常严重的自我评价问题。告诉她，重点不在于一个人有多苗条，而是她的性格如何。告诉她，她有哪些优点，你喜欢她什么地方，以及你对她的期望。

下面是一些非常重要的注意事项，它们适用于你、你的好朋友或者与你的女儿有所互动的亲戚，所以，请尽管告诉其他成年人，他们能和你的女儿说什么，不能说什么，这是你的权利。

1. 不要经常评论她的外貌。
2. 不要提到你自己需要节食。
3. 不要对她的身体发表贬义的评论。很多父亲认为，他们说女儿的屁股可爱、大腿粗壮的时候，女儿也会觉得他们可爱。有些人甚至更粗鲁，会给女儿身体的各个部分起绰号。千万不要这样做，你们两个人都会受到困扰。
4. 不要频繁评价她的衣着。是的，你应该对她的衣服和化妆大致确定一个标准，但是，永远不要让女儿以为外表是相当重要的一个方面。（这就是为什么穿校服是一个好主意，校服为外观的整洁度和学生的衣着设定了基本标准，而且倡导每个人都是平等的。衣服的尺寸和款式并不能决定一个人如何。）
5. 不要一直强调运动的重要性。是的，健康的锻炼是很重要的，但是很多美国人在运动方面自以为是，他们锻炼是因为想要变得好看。你要非常小心。
6. 不要让女儿觉得她需要做点什么才能引起你的注意。请自然而然地关注她，就像日常生活的一部分。你的女儿渴望你的关注，为了得到它，甚至可以不惜手段。如果你经常谈论什么话题，她会朝那个方向努力，请考虑一下这些话题的导向。她一直在看着你，同时希望你也看着她。

意志力的重要性

爱是很难的，也许开始时很容易，但难以管教的孩子、生病的孩子、患有注意力缺陷障碍或饮食失调的女儿会让爱她的父亲十分痛苦，因此，你需要付出所有的决心和毅力。有时候，你的女儿难免会让你不知所措，比如在你不明白她为什么不能停止发脾气的时候，或者，假如她有饮食失调症，你或许弄不明白她为什么要挨饿，让自己呕吐，不停地运动，而且焦虑急躁。但意志力可以促使你在受到打击时封存自己的愤怒和沮丧，在女儿的第一次钢琴独奏音乐会上忍住眼泪，在听到操场上的另一个女孩喊她"胖子"的时候保持冷静。

为了更好地爱你的女儿，加强你们之间的联系，必须有钢铁般的意志。你可能会有很多次想打退堂鼓，请不要这样，不妨休息一会。你有时可能想尖叫，请不要这样，不妨制订一个应付失败的备用计划——然后练习一下。有时候你或许不想表达你对女儿的爱，但是，一定要表达出来，它会让你感觉更好。

考虑一下你希望成为哪种爸爸。当然，这需要艰苦的努力才能实现。但是，爱不只是让你感觉不错，若你爱一个人，如果需要的话，为了对方，你可以反复去做自己不喜欢做的事情。爱其实是一种自我牺牲。

在她生命的开始，女儿会感到你的爱。在她生命的尽头，你也会存在于她的脑海。至于中间会发生什么事情，完全取决于你。伟大的父亲会给予女儿非同寻常的爱。

Chapter 4
Teach Her Humility

第4章
教导她谦卑

优越感导致她们的世界变得很小，只能容下她一个人，在周围的环境中也找不到什么乐趣。

第4章
教导她谦卑

听到"谦卑"这个词,很多父母会不以为然,我们也许会把它与软弱联系起来,我们不希望女儿成为弱者,或者容易被操纵,我们希望她们坚强、自给自足和独立。我们希望她们自尊自爱。如今,谦卑已经是一种政治上不正确的品德。

然而,真正的谦卑却是所有其他美德的起点。谦卑是指对自己有着正确的看法,真正地认识我们自己,也意味着我们知道每一个人都有平等的价值。

教导女儿谦卑至关重要,但并不容易。你不能简单地告诉她,她和她的弟弟、街上无家可归的女人,还有其他每一个人都是一样的。你的女儿需要感受到在你眼中独特和重要是什么。

教导女儿谦卑对你的为父之道有着更高的要求,没有言传身教便是空谈。如果你希望女儿爱读书,你就必须阅读。你希望她成为运动员,你就得自己出去跑步。教导她谦卑亦同此理。如果你能够做出榜样,她就会跟着学。请记住,她好比一块跟在你身边的干燥的海绵,等着看你的想法、感觉和行为。

许多人自身就难以做到谦卑。然而,自己做不到谦卑却教导谦卑,无异于自欺欺人。你我都认识一些缺乏谦卑的人,他们的生活往往是一场追逐着并不重要的目标的游戏,反而忽略了真正重要的东西。

我认识很多成功的男人，他们展现出了非凡的谦卑。他们是成功的专业人士，拥有超群的智商和情商，他们明白，生活比他们自身还要伟大。他们的工作和生存是建立在一个更宏大的基础之上的。他们的成功不仅有利于自身，也有益于周围的人。他们的谦卑是送给自己女儿的一份珍贵礼物。

曾经有人问已故英国作家爱丽丝·托马斯·埃利斯："对于女性来说，历史上最重要的时刻是什么时候？"她回答："天使报喜（译注：天使长加百列奉告圣母马利亚她将诞下圣子耶稣）的时候。"为什么你的女儿需要谦卑？它与你女儿的幸福、自尊和成功的人生有什么关系？下面我们给出一些答案。

谦卑让她感到重要

我知道这听起来有些矛盾：谦卑会让你的女儿感到自己更加重要。我来解释一下这句话。为了发挥她的潜力，你的女儿需要了解她是谁，她从哪里来，要到哪里去。她的认识必须准确。

也许她拥有音乐方面的天赋，也许她很聪明或者擅长运动。如同任何热情的家长一样，你为她的成就感到骄傲。为了培养她的才华，你投入了大量金钱，你亲自到拼字比赛、钢琴独奏会或者篮球比赛上为她加油助威。

你的支持和鼓励相当重要。但你还需要格外谨慎。如果你所做的只是用掌声抬高她的自尊心，她最终会看透这一点，并为此感到沮丧。如果她不理解谦卑这种美德，她就会开始在一些错误的方面找回良好的自我感觉。

谦卑是诚实地看待自己，让我们脚踏实地。因为我们希望女儿把每一件事情做好，比别人更漂亮、更聪明、更优秀，所以常常忘记了我们的首要目标——以及她们的首要目标。

我们的女儿并不需要通过收获过多的赞美来让自己感觉良好。在内心深处，你的女儿知道，她有强项也有弱项。她对自己才能的看法常常比父

第 4 章
教导她谦卑

母更现实，父母越是赞美她，她就越怀疑自己：我的才能是父母如此爱我的原因吗？如果我的小提琴拉得更好一点，我爸爸会不会更爱我？

另一个问题是以自我为中心。如果我们的家庭活动总是围绕着我们认为孩子"需要"或者"想要"的东西打转，就会使孩子倾向于以自我为中心。很多时候，女孩如果拥有某些强项，就会感觉自己优于同龄人。若是这样，她们可能被朋友、同龄人和家人孤立，被竞争所左右。优越感导致她们的世界变得很小，只能容下她一个人，在周围的环境中也找不到什么乐趣。她们会专注于成功，而不是朋友。

作家亨利·费尔利说得对："傲慢促使我们从自己身上寻找过多的乐趣，它不鼓励我们从谦卑中获得喜悦，作为社会性动物，我们人类往往如此。"

骄傲是谦卑的对立面。还记得但丁在《神曲》中写过什么吗？"他们在自我满足的愉悦中烧毁，忍受永远的孤独。"但丁离开他们时，谦卑的天使来到他身边，带来了辉煌、平安和满足："她想说的似乎是'谦卑'，我终于得到了平安。"谦卑为我们带来深刻的喜悦，防止我们因自满而狂躁。

不要让这种事发生在你的女儿身上。让她的世界不仅限于她自己和她的才华。温柔地引导她意识到自己的长处和局限性，允许她失败，让她知道，即使她失败了，你仍然爱她。让她知道，她之所以有价值，不仅因为她做了什么，还因为她是什么样的人。你要借此机会给她讲授人生中最重要的一课：人之所以有价值，是因为他们是人，而不是因为他们做了什么。

但是，如果你教导你的女儿，通过增进她的才华、智慧或者美貌可以提升她的自我评价的话，你就给她上了可怕的一课，别人很可能会借此利用她。当她逛街买东西的时候，她会看到什么？数以百万计、琳琅满目的商品，带给她美好的感觉。当她买来时尚杂志，看见封面上的性感女郎时，也会去模仿她们。她会遵循流行的节食风潮，希望通过这样可以让自己更漂亮、更受欢迎、更有价值。

每个星期，你的女儿都会受到各种诱惑，去购买那些五花八门的商品——它们非常肤浅，华而不实。研究表明，人们购买大公司（如巴塔哥尼亚）的户外服装，并不是因为他们经常在户外活动，而是为了感受或者让自己看上去像个经常从事户外运动的人。广告商会告诉你的女儿，如果购买他们的产品，她的人生会更完整、精彩和快乐。他们熟知推销技巧，这样说往往很有用，尤其因为我们的女儿们已经相信了广告中的理念。当父亲们不再教导女儿学习谦卑——人人生而平等，具有同等价值——的时候，广告、杂志和名人们就会教给她们别的东西。

《时尚》和《国际》杂志将教给你十八岁的（或者十岁的）女儿，她的价值体现在是否拥有瘦削的身体、巨大的胸脯、穿最新潮和最昂贵的衣服，并成为一个能够让男孩和男人"时刻感兴趣"的人。对你的女儿来说，帕里斯·希尔顿——金钱、营销和节食打造的产物——就是典型的美女。你的女儿会阅读和吸收帕里斯的全部人生观，并且加以模仿。她会用帕里斯·希尔顿来填补情感上的空虚、社交和精神方面的空虚。这已经足够引起你的警惕。对帕里斯的追随会导致你的女儿痛恨自己没有美貌、金钱或者足够苗条的身体。她会从谦卑的生活中抽离。

一个女人能否兼具华丽与谦卑？你的女儿能否在优秀的同时，在充满激情地追求事业有成的同时，明白自己的成功不全是因为她一个人的努力？当然可以。谦卑会使你的女儿的成就永远闪耀，让她的情感有所依附，更容易满足，过上比模仿帕里斯·希尔顿更为快乐的生活。

推销员们、林赛·罗韩和帕里斯·希尔顿之流会把你的女儿拖进空虚的生活之中。你可以引领她走上另一个方向，让她明白，她的价值在于她是谁——在于你爱她。她的生命与你和其他人的生命是平等的。拥有才华、智力和美貌固然很好，但它们永远不会让她的生活更有意义，或者让她成为一个更重要的女人。只有谦卑能够做到。

谦卑能够巩固她的人际关系

人生在世，很难不遇上一些喜欢在你面前炫耀他们具备而你不具备的长处的人，还有人会在参加晚宴派对时把谈话重点放在你一无所知的话题上，你也许还会被老板、教师、家长甚或是朋友侮辱。我们所有人都有可能感到自己愚蠢、卑鄙、不适合、软弱。有时候，在别人认为他们比我们强的时候，我们会觉得沮丧。

我们要告诉自己的女儿，在学校里羞辱人的人是没有安全感的，事实往往如此。胖女孩喜欢说别人胖，傻女孩喜欢说别人傻，平庸的女孩喜欢说别的女孩丑。恶霸试图压制别人，扑向假想中的弱者，以显示自己的优越性。

然而，谦卑，可以阻止欺凌和被欺凌。当你的女儿意识到所有人都具有同等的价值时，她们绝不会认为自己在其他人之上，也不会担心自己缺乏优越感，更不会畏惧恶霸的嘲讽。她知道我们的价值不在于我们做什么、我们有什么，或者我们有什么能力，而是因为我们是人。面对拒绝自卑的人，恶霸们无法显示出他们的优越感。谦卑提高了竞争的水平线，让恶霸们感到畏惧。这是真理。真理让我们活在现实之中，防止我们被怨天尤人和自我毁灭所害。

拥有谦卑的女孩更有可能拥有深厚、持久的友谊。凭借谦卑，你的女儿可以根据人的本质选择朋友，不会傲慢地排斥别人，自我隔绝。这一点非常重要，因为你的女儿是一个社会的人，她需要别人，需要与成年人交流，需要和女性朋友在一起，接触年轻男子，学习恋爱。我们生来不是为了与世隔绝。

谦卑是一切健康关系的基础，保持谦卑可以让每一方都受到尊重，大家诚实和放松地相处。如果你的女儿谦卑地生活，她会发现自我，发现人生的意义，体验快乐和满足。你的女儿生来就要接触一张错综复杂的关系网，谦卑让她在这个网络中从容往来，而自我为中心和骄傲会让她被这个网络排斥。

对许多美国人来说，谦卑是建立在犹太—基督教的传统之上的。教义强调的是，在上帝面前，人人都是平等的，因为他创造了我们，他需要我们每个人。相较于从尘土中创造我们的上帝，我们可能会感到自己完全微不足道。但是（这是我最喜欢的《圣经》中的话），上帝"创造了我们"，所以我们都有各自的位置和目的，他愿意用各种美好的事物充满我们。我们需要做的是从我们个人生活的小圈子里挣脱出来，带着谦卑来认识自己，意识到我们自己不是力量、智慧和才能的唯一源泉。正如耶稣在登山宝训中告诉我们的："虚心的人有福了，因为天国是他们的。"

伟大的神学家奥斯瓦尔德·钱伯斯说："这与我们拥有的无关，而是关于我们没有的，与我们带来的无关，而是关于上帝赐予我们的。"上帝已经赐予你的女儿各种难以想象的礼物，谦卑让她明白，她应该为此感恩，而不是骄傲。

下面是一位父亲所经历的谦卑的喜悦。

起初，安迪想成为一名牧师。他就读于神学院，但很快就意识到他是多么想结婚，于是，他离开了神学院，去了医学院。他现在是一个非常受人尊敬的医生，任教于宾夕法尼亚州的一所大学医院。

尽管安迪放弃了成为一名牧师的想法，但他从来没有放弃自己的信仰。他对上帝的爱和他的祷告生活仍然继续。他有三个女儿，而且，随着时光的流逝，安迪意识到，他和他的二女儿艾米，需要一起经历一段旅程，他知道他们不得不这样做。

艾米十七岁的时候，他带她去了多米尼加共和国——作为一个十五人组成的志愿医护团的一部分。当时是夏天，温度高达38摄氏度。他们乘坐一辆破旧的黄色校车，来到一个小乡村，为全体村民提供免费医疗。

医生们鱼贯进入一个煤渣建造的小屋，把餐桌当诊断桌，摆好仪器。其他志愿者开始清理屋子里的蜘蛛、地板，放置灯具。

我在那里看着安迪干活。他非常耐心和蔼，总是轻声细语的，尽管他的工作服已经被汗水湿透了。

第 4 章
教导她谦卑

一天下午,我看到他正在恳求一个女人什么事,她听后很生气,眼泛泪光冲出了房间。

安迪收回心神,开始给其他病人看病,然后没等大家工作完,就爬上那辆旧校车。艾米跟着他上了车。安迪——这个高大强壮的男人——坐在那里,双手捂脸。与他们隔着几排座位的我听到了他们的谈话。

"我不干了,"他对艾米说。"该回家了,艾米。这是一个可怕的错误。"

他告诉艾米,那个病人为什么会跑掉。她抱怨胸口疼,虽然安迪是肺病专家,但他没有发现她肺部有什么毛病,他最后意识到,女人的心脏和肺都没有问题,而是因为她的男朋友经常用拳头打她的胸部。安迪让她逃走,让家人带她到另一个村子去,女人说这不可能,她没有车,没有钱,没有家庭。(村子里没有人有车,连自行车也没有。)

安迪意识到,他对此无能为力,没有药能治好她,他不能阻止她男友的野蛮行径。

安迪把那个衣衫褴褛的女人可能看得比他自己还要宝贵。那天,在闷热的校车上,他哭了。他遇到了他永远不会在宾夕法尼亚州教学医院里遇到的难题,在那里,他可以随时使用价值数百万美元的设备,拥有出色的助理团队和基础设施,他能够感到自己的成功和强大。

然而那天,在那个小村庄里,他意识到了自己的局限性。

安迪说,他要提前一周离开。"在这里有什么意义呢?"他问。"我们无法真正帮助这些人,我们没有足够的药物或资源,就算我们有,只要我们一走,一切又会恢复原状。我们没有什么可给的,他们需要得太多,我们有的却不够,没有人拥有足够的资源。"

艾米说:"是的,爸爸,但是,上帝的爱怎么办?我们可以把上帝的爱带给他们。"

"只要给他们很多东西就行了,他们需要水、食物、电力。他们不需要有人来告诉他们,一个无形的神爱他们。他在哪儿呢?他们会认为他是残酷的,以这种方式抛弃了他们。"安迪的愤怒盖过了悲伤,这个曾经学习神学的人在质疑上帝。

在漫长的归途中,他们都没有说话。

晚饭后,我提起他们之前的谈话。我问:"什么是我们可以给予他人的最好的东西?"

我们最终得出结论,我们唯一可以给的是希望——而只有在上帝里面才能找到希望。那么,我们的目标就应该是通过我们的工作,彰显上帝的荣耀。我们的信心把我们带到这里,我们需要在信心的基础上工作。

父女间的谈话,把他们领到了人生的大问题面前。在这些对话中,安迪从未说过关于谦卑地生活、重新认识每个人的价值这样的话,然而这已经是他们对话的前提,他用行动证明了这个前提,他只是践行着自己的信仰,他的女儿艾米紧随其后。

谦卑让她保持平衡

父母总是会说,他们不关心孩子做什么,只要他们开心就好。作为四个孩子的母亲,我理解这一点。我难以置信地自私:如果我的孩子幸福,我晚上就睡得更好,我也更享受我的生活。

不过,请想一下:这就是我们对女儿的最大期望吗?快乐幸福就是她们努力的最大目标吗?

我们都在追求幸福,这是宪法赋予我们的权利,幸福是一种了不起的生存状态。但是,如果你教给女儿,幸福是她的"目的地"的话,会将她引入歧途。下面解释原因。

如果她把幸福作为目标,你和她会发现,有成千上万的事物可以让她感到幸福,也许是获得罗德奖学金,甚或是在十五岁生个孩子,或者是在她穿上印着"权威滚开"的T恤衫的时候体验到的叛逆感。

对她而言,以幸福作为目标是缺少约束的。她可以把这个目标当成自我放纵的理由,变得自私自利,孩子可能就是这样被"惯坏"的。而且,最

第 4 章
教导她谦卑

重要的是，它反而可能导致不幸福，因为，无论小孩还是成人，他们的欲望都是没有边界的，迟早要被更多的欲望取代，所以，幸福仍然遥不可及。

奇怪之处在于，只有在经常遇到挫折之后才会发现真正的幸福。在我的经验中，最幸福的女儿总是那些谦卑生活的人。不快乐的女孩恰恰是在追求幸福方面最放纵自我的人。

如果你仔细想想这一点，就会发现它非常有意义。自我放纵非常简单，毫不费力。比如说一下子吃四块馅饼，你在吃的时候感觉很好，但吃完了就会觉得不舒服，甚至变得肥胖。放着功课不做，去看肥皂剧看起来似乎让人快乐，但不会给你上大学带来好处。随心所欲地做爱也许感觉很好，但只是暂时的……你可能发现自己染上性病，或者怀孕，或者陷入深度抑郁。（我认为抑郁症是少女的"性病"，因为它总是与未成年人发生性关系有关。）

谦卑教我们学会规则和自我约束，我们是一个更大的社会的一部分，需要通过合作实现整体利益。谦卑教我们明白责任，让我们学会考虑别人的需要，开拓我们的视野，不再痴迷于专注我们自己，它提醒我们，我们不是唯一有价值的人。

谦卑的女孩能够体验到真正的快乐和幸福，它们源自与家庭、朋友和其他人的牢固而健康的关系。我们需要借助规则来保持健康的人际关系，规则之一就是，只有否认自己，才能帮助别人。

然而，无论你的女儿在哪里，总会有人劝她放纵自己。她会在广播和电视中听到，从毒贩子和男友口中听到。每个人对于如何实现美好的生活都有自己的答案。你的女儿难免不因为这些声音感到分心，远离了现实。他们会告诉她，任何牺牲都没有必要——只管索取。任何纪律都是多余的——只管享受。尽情放纵，直到你感到满足——或者感到空虚。

想要亲眼验证这一点，你可以到商场里走走，看看那些年轻女孩的面孔。她们中的许多人，脸上的表情写着空虚、无聊、缺乏承诺、缺乏目的——所以试图通过购物、吸毒、做爱等方式填补空缺感。

你当然不会希望你的女儿变成这样——现在不能，无论她六岁还是十六岁都不能如此。但是，这可能是她的未来，除非你能让她明白她的重要性，她的真正价值从何而来，她为什么需要别人。除非你教给她谦卑，使她脚踏实地。谦卑帮助她开启有深度的人生，因为谦卑意味着服务他人，接受挑战，它能够产生快乐，因为它让她向外看，而不仅仅是向内看，给她明白是非的智慧。作为她的父亲，你需要给她制订规则，让她免于自我伤害或伤害他人。你给她的规则将直接影响到她对自己一生的看法。

谦卑让她生活在现实之中

每一个孩子出生时自带的生存本能使他们天生具有领土意识。一个两岁的小孩重复"我的"这个词的时候，听上去虽然十分可爱，也很让大人抓狂。随着你的女儿从蹒跚学步到进入小学、初中和高中，她很可能也要经历一些变得比别人更加自私、更有领土意识的阶段。当然，有些孩子不那么以自我为中心，不太对争夺利益感兴趣。有的孩子上了幼儿园后，不愿意与别人分享，反而想要其他孩子的东西，甚至去抢。这种行为会无休止地烦扰做父母的，尤其是那些本人慷慨大方的父母。然而，我们的女儿小的时候，表现得自私也属正常，因为这是成长的一部分。

坚持走自己的路的孩子，总是希望成为操场上的老大，她们是不好相处的孩子，可能把其他孩子赶走。自私是一种不好的习惯，但是想通过训练去除孩子（或者任何人）的自私则是一项艰巨的任务。这需要时间和纪律去对抗推崇自私是一种美德的流行文化。我们的女儿在学校里可能会和朋友谈论新的 iPod、钱包或者发型，每天晚上睡觉前会想着还缺少哪些会让自己更快乐的东西。具有讽刺意味的是，孩子们拥有得越多，他们就越想要。

迄今为止，流行文化对我们的孩子造成的最具杀伤力的破坏是，让他们觉得自己"应该得到"更多，而作为父母，我们有责任向他们提供想要的东西,只有这样做才是二十一世纪的好父母。

我最近去看了一场足球赛,一位坐在我旁边的父亲给我讲了他女儿的事。她今年秋天就要去上大学了。过去的两年,父母为了她十分操心。十六岁时,她开始和一个二十岁的失业男人约会。她父亲说:"我们犯的头号错误是——让这段关系继续下去。"

随着时间的推移,她的手机费用猛增,一度高达300美元。父母把她的手机没收了。她气坏了。然后,她卷入了一起车祸,需要支付非常高的赔偿金。她父亲非常沮丧,因为每次她闯了祸,他和妻子帮助她之后,却仍然改变不了女儿的态度。所以现在,他们打算拿出一部分她的大学学费支付赔偿金,所以女儿很不高兴。"但是,我猜最让我心烦的是,"那位父亲说,"她认为帮她付赔偿金,供她上大学是我们的责任。她甚至说我们欠她上大学的钱,我们是父母,所以我们有责任送她上大学,给她交手机费,给她买车,因为她真诚地相信这些都是她享有的权利。"

我理解他的无奈。他女儿并非刚刚进入青春期的小孩。她的态度很糟糕,需要改变。她的父母很好,他们至今还内疚地认为自己是不称职的父母。他们质疑自己做过的每一件事——十八年来为女儿做的各种事——想知道他们怎么教育出这样一个自私的年轻人。"她是一个非常好的孩子。"她的父亲摇着头说,"她很可爱,很聪明。但有时我就是讨厌和她在一起,因为她不在乎我们为她做的任何事情。"

大多数十八岁的子女不会感激父母的牺牲和努力,这是正常的。不正常的是这个女孩的想法,她认为这些是自己应得的,而且她有权利继续得到它们。现在,很多家长看到她,心里会想:"哇,那孩子被惯坏了。"我敢肯定,她的父母也会这么想。其实,这个女孩的想法,大多数美国孩子可能也有。唯一不同的是,她说了出来。她的问题在于:缺乏谦卑。

她没有考虑到别人的需要,就是这么简单。自从出生,本能就告诉她,拿走所有她需要的,抓住不放,还要获得更多。这些都是驱动她行为的欲望,周边的环境又使她的欲望膨胀——店铺里新潮的商品,学校没有教会她设定较高的行为标准，她的父母拼命想要成为所谓的好父母，给她所有他们认为她需要或想要的东西。

给我们的女儿尽量多的机会，让她们发现自己的才能，为她们提供更多的受教育机会，满足她们真正的物质需要，这无可厚非。因为我们爱她们，才会提供这些东西。问题在于，多年来我们一直关注她的需要，以及如何才能满足她们，反而使我们的关注也成了她们的关注。女儿成为我们和她们的生活的中心。强烈的以自我为中心会惯坏她，让父母和孩子双方都痛苦不堪。

做到谦卑是艰难的，需要一生的时间去学习，所以，请坚持下去。不要忘记，如果你不这样做，她遭受的痛苦比任何人都要多。你需要尽早为她的人生和你的家庭设定首要目标，越早越好。你希望家庭生活的中心变成孩子吗？难道这个中心不应该是你，或者你和你的妻子，或者上帝？如果你没有明确定义家庭的首要目标，你的女儿和你的其他孩子就会代替你设定。他们可以非常直言不讳。

我在工作中见证过许多不容置疑的事实：那些智力和情商正常的女孩，都是谦卑的，她们明白，自己必须融入家庭，家庭无需围着她转。

很多家长并未意识到，屈服于女儿的自私，反而会给她施加巨大的压力。当她是家庭注目的焦点，当她有权决定家庭的计划、休假安排或者财政时，当她必须在各种使自己快乐的可能性中做出取舍时，她不仅会变得自私，还会神经质。她是孩子，你是爸爸，应该你来决定，确定优先事项。如果你能教她面对现实，她也会变得从容，因为你让她明白凡事都有局限。如果你教会她总是考虑到其他人，学会换位思考，知道每个人——她的朋友、邻居、姐妹兄弟——都同等重要，她就会收获友情，成为一个充满爱心的社会人。

请让女儿明白，不仅要做幸福的人，还要做个好人，告诉她谦卑是一份美妙的礼物，不过，请注意，只有你以身作则，她才能真的学会。

Chapter 5
Protect Her, Defend Her (and use a shotgun if necessary)

第 5 章

保护她，捍卫她
（如果有必要，用枪也可以）

    这是只有你能够给你的女儿的保护，这样做会拉近你与她的距离，让她真正主宰自己的身体、欲望和人生。任何电视演员、流行歌星或者杂志都不能给她这些。只有你可以。当外部环境干扰她的时候，你必须当机立断，将它们扼杀在进展的过程中。

第 5 章
保护她，捍卫她

假设你和几个哥们正在进行一次狩猎之旅。你们来到树林中，把装备放进一个小屋。小屋距离最近的机动车道 1.5 英里远，初冬的雪刚刚覆盖了森林的树木和地面。你们吃了小菜，喝了几杯啤酒，生起篝火，坐下来聊了一会。因为想要尽早捉到在雪地上留下足迹的鹿，你们决定早点上床休息。

在床上辗转反侧的时候，你注意到地板上有几本杂志。没什么睡意的你拿起其中的两本。其中一本是《户外生活》，你已经看过很多此类杂志了，所以把它扔回地上。另一本是《花花公子》，因为经常有人翻，书页已经皱了。你的哥们正在洗澡，所以你开始浏览这本杂志。首先映入眼帘的是一些乳房丰满、姿态挑逗的美女照片，你停下来盯着看了一会，然后在向后翻动书页。你很享受这些照片，但它们只能让你更睡不着。最后，你翻到中间的插页，你的好奇心被激起了，你展开了这一页，上面的女人身体很美。

接着你看清了她的脸，顿时如遭重击——那是你的女儿。你震惊无比，甚至合不上杂志。你想要呕吐，但吐不出来，因为你气得浑身发抖，十分痛苦难过。你的朋友洗澡出来，正在擦干身体，在他看到那本杂志之前（你意识到他已经看过那本杂志很多次了），你潜入客厅，把它扔进炉子里。让它消失吧，你恨不得把全国的这本杂志都拿来烧掉，但是这不可能。

这个场景，我永远不会希望任何父亲遇到。但是想象这一幕很重要，因为它可以帮助你意识到，你需要建立和捍卫关于性的明确的道德准则。当涉及你的女儿时，你的标准必须明确。

这一点很重要，也因为我不能过分强调文化在你的女儿生活中的强大影响力和诱惑力，对她的身心健康影响最大的就是性文化。她依赖你帮助她抵御社会性文化的影响。父亲们应该知道，你的女儿在流行文化中看到和听到的性信息的强烈程度远比三十年前大得多。

由于感到不自在，你可能很少与女儿谈论这些问题，但你不得不这样做，她需要知道你为她制订的有关的道德准则。

许多家长不会跟女儿谈这个，因为他们觉得有罪疚。我经常听到有人说："我自己上高中的时候就有性行为，又怎么好意思告诉女儿不要在高中有性行为呢？"

请面对现实：无论你那时候做了什么，并不影响现在的你成为一个好父亲。你的女儿正处于危险之中，你必须保护她。而且说实话，她也不了解你的性经历。

这是个难以启齿的问题，但你必须这样做。每一天，当她受到那些错误信息的大肆影响的时候，你需要更大声、更清楚地指引她。你的声音是她真正想听到的唯一声音。

好消息是，你和她的谈话并不需要涉及性传播疾病的细节，或者如何使用避孕药，或者安全套的颜色有多少种等等。

她想从你那里知道的是规则——什么时候可以有性行为？为什么？仅此而已。但是，只让她对这个问题有深刻的认识还不够。你无需成为每个方面的专家，特别是涉及药片、安全套或者青少年那些奇特的性活动的时候。只要做她的父亲就可以，以谦逊的态度，保护她萌芽状态的性欲和捍卫她的权利。向她重申，性不仅是一种身体机能，还与她的感情、思想和性格存在密不可分的联系。告诉她，她听说和看到的很多关于性的东西是完全错误的，你的态度要坦率、有爱心、值得尊敬。

建立一个防卫计划

青少年做出有关性的决定时，受父母的影响最大。[1] 研究表明，"不是只有那些善良、亲切或是有优秀沟通能力的父母"，才可以做到这些。父母都可以，任何父母都可以。

但是，父亲特别对女儿有着巨大的影响力。她把所有男孩都拿来和你相比。你有责任告诉女儿，对于她的男性朋友，应该期待什么，应该要求他们有什么样的行为。

那么，如何才能完成这一系列艰巨的任务呢？请十分严肃地想象一下，她会从一个女孩成长为一个女人，一个性的存在。当她三岁的时候，想想你希望她二十岁时是什么样子。你必须展开想象，因为，即使她三岁，你也会向她传达一些关于她的身体的信息——无论它是漂亮的还是胖乎乎的。所有这些信息都会产生效果。

你的女儿需要你经常拥抱她，如果你表现出温柔、尊重和爱，她就会从男生身上期望这些东西。她需要知道——一直需要——你爱她。

所有女孩从十一岁起都会觉得自己胖，觉得自己丑，是胖墩，脸上有麻点，没有吸引力。不妨观察一下你的女儿是否这样想。如果自己长得高，大多数女孩会低着头。如果长得矮，她们会穿松糕鞋。女孩们几乎都会不可避免地对自己的外表缺乏信心。所以，请拥抱她，效果将是深远的。

只有少数父亲意识到拥抱对自己的女儿有多么重要，但是，我听过无数女孩告诉我，她们和男孩（甚至连男朋友都不是）发生性关系，只是为了简单的身体接触，因为她们的父亲从来没有拥抱过她们，或者向她们展示自己的感情。她的身体渴望你的拥抱，尤其是在青少年时期。父亲们经常以为自己十几岁的女儿更愿意一个人待着，不希望被拥抱。这是不正确的。事实上，这样想可能是十分错误的。在十多岁的时候，她需要你的接触，甚至比五岁的时候还需要。我知道，流行文化告诉你，青少年"需要他们的空间"，青少年十分狡猾，可以让你不知该怎么办，所以，似乎更安全的做法是不干涉他们，或者什么都不做，但这是完全错误的。你十几岁的女儿需要你，不干涉和什么都不做比成为她生活的一部分危险得多，而且，你完全知道该怎么做。只要做她的父亲：要自信，捍卫她，支持她，不要畏缩，大胆拥抱她。

让她知道你的眼中有她。让她知道她的美丽。让她知道节制是另一种形式的尊重——对她而言，对你而言，对她从男生身上的期待而言都是如此——而且，她无需追随潮流，更无须因为其他孩子这样做，也公开标榜自己的性态度。

这可能是一场艰苦的战斗。电视上拍得性感魅惑的洗发水广告在你看来或许不是什么大问题，但是，你需要记住，你七岁的女儿正从广告中得知，"性感"是非常重要的。这个信息在她心底如暗流涌动，使她无法平静。随着知道的东西越来越多，这些信息对她的破坏力也越来越大。而当她十几岁的时候，你很可能会像大部分父母那样，对她采取不干涉的政策。

然而，你不能这样。你的女儿理应得到比滥交更好的生活，或者比模仿色情杂志人物更好的生活，媒体为她们准备了后者，所以，你必须加以干涉。

你可能很难相信，这个毁灭性的过程正在影响你可爱的小姑娘——就是那个当你下班回家时，她会跳起来拥抱你的小姑娘；或者三年级的时候，就已经成了小钢琴家的小姑娘；或者在上高三的时候，就获得了拿奖学金进入耶鲁大学的机会的小姑娘。你虽然看不到危险，但危险确实存在。

如今的服装产业，似乎觉得一个人的童年结束于七岁。满十岁之前，你的女儿可能会看到 PG-13 和 R 级的电影，要么是在自己家看的，要么是在朋友家。当她九岁或十岁时，可能就听说过口交，并了解艾滋病毒和其他性传播疾病是如何传播的。她的朋友会给她看青少年杂志，会看到

第 5 章
保护她，捍卫她

《时尚》杂志和"维多利亚的秘密"的商品目录——全是摆出诱惑姿势，只穿着内衣、丁字裤、吊带袜的女人的形象。她十一二岁的时候，会在学校的性教育课上听到诸如"安全套、性虐待、异性恋、同性恋、双性恋、自慰"等等词语。但对她影响最显著的要数电视、音乐和网络，占据了她的大量时间，使她接触到很多性信息。

"那有什么大不了的？"你可能会问。大多数家长拼命想相信，这些影响不会伤害自己的孩子。作为一名儿科医生，我可以告诉你，他们错了。

经常有十几岁的女孩告诉我说，她们认为只有进行性行为才能让别人接受自己，觉得她们很酷、有吸引力、性感、成熟。作为青少年，她们原本是不相信这一套的，然而，接触到的信息不停地向她们灌输——杂志、电影、音乐、电视，从她们小时候开始就肉麻地重复着这些内容——从而迫使她们相信。

我见过很多这样的年轻女性，当她们第一次尝试性行为——不一定非得是性交——的时候，她们抱着好奇心，但结果通常很失望。失望让她们感觉自己似乎做错了什么，因为人人都说性很棒。所以，她们一次又一次地尝试，在极短的时间内，她们的情感变得迟钝。本能告诉她们，自己与另一个人发生了亲密接触，但心灵却提醒她们，两人没有任何爱的交流，没有做出任何承诺，没有情感的深度参与。因为在体验到爱情之前就体验了性，她们开始对爱情产生困惑。

性与爱的分离导致她们产生深刻的空虚，困惑于如何去爱。重复的性行为——如同机械动作——让爱和性不再连为一体。结果也不可能实现性的满足，最终使她们厌倦了性活动。

好消息是，当你教导女儿，性错综复杂地联系到她的幸福的每一个环节的时候，她会相信你，因为她会本能地觉得这句话有道理。当你告诉她，节制是保护和尊重她的完整性的重要途径的时候，她也会明白，因为对于节制，孩子们有一种与生俱来的感觉。你必须成为女儿的保护者，与在性问题上对她撒谎、否认她节制的权利的文化作战。

通过制订一些基本规则，你可以避免与女儿围绕日常的衣着、时尚杂志、音乐或电视引发的问题争吵。如果文化想加速她的成长，请你调慢速度。说到衣服，不妨让她在你的规则允许的范围内挑选。如果你需要一些基本规则，可以参考我给上高中时的女儿定的规矩：穿高领上衣和低于膝盖的裙子。告诉她，你的规则的重点不是让她对自己的身体感到羞愧，而是尊重它。

八岁的她可以看《时尚》杂志或者"维多利亚的秘密"产品手册吗？不行，请把它们扔掉。如果她的妈妈有这些读物，她应该把它们藏好。你的女儿可以到那些父母让孩子看 PG-13 或 R 级电影的朋友家过夜吗？不行。让其他父母——和你的女儿——知道你的标准。告诉你的女儿，如果受到侵犯，往家里打电话，她虽然会觉得不好意思，但会挺过来的。要捍卫你的女儿做小孩的权利。

在女儿八九岁的时候，在有毒害的文化环境中保护她可能是有挑战性的。当她再长大一点，挑战更大。请注意，我说的是"可能"，因为我发现，如果父母通情达理，坚定地执行规则，而不是霸道不讲理的话，他们的女儿就会早早理解父母是站在自己一边的，也会更容易明白哪些东西对自己有害；在关于电影、衣服等问题上，她们和父母很少产生矛盾。

当战斗开始激烈起来，你必须全面进入状态，但不要冷嘲热讽，蛮横霸道，运用你的亲切和力量执行你的信念，这样效果更好。如果你十六岁的女儿穿着几乎遮不住隐私部位的比基尼跳进你家厨房，请面带微笑，告诉她衣服颜色很漂亮，但是，对于她美丽的身体来说，这套衣服的用料太节约了。告诉她，她需要一身更低调的衣服，才不会让别的女孩感到嫉妒。当她二十五岁的时候，会因此而感谢你的。

站出来捍卫女儿的性权益是艰难的，这是不折不扣的战争。请务必教导她，节制是一种力量，而非假正经，它将换来巨大的回报。

保护她免受性活动的伤害

性健康医学研究所的报告指出，20世纪60年代，医生们主要是与两种性传播疾病斗争——梅毒和淋病。当时我上小学。20世纪70年代，我上大学时，衣原体疾病风头正劲。不过说真的，没人重视这些，因为性革命席卷一切，大学生最不想听到的就是衣原体病。20世纪80年代初，我读医学院时，艾滋病出现了，虽然最初它并没有登上报纸头条。[2] 接着，II型单纯疱疹病毒（生殖器疱疹）开始在美国肆虐。[3] 同样地，那时你不会听到关于它的任何新闻。作为一名医学学生，我知道宫颈癌很可能是由通过性行为传播的感染性疾病引起的。医生们得出这样的假设，是因为他们注意到，修女不会得宫颈癌。20世纪90年代，假设得到了证明，研究人员发现，女性宫颈癌几乎全是由人乳头状瘤病毒（HPV）引起的，这种病毒依靠性行为传播。[4] 色情文学对性行为的鼓励促进了疾病的传播。一项研究表明，随着口交在青少年中的流行，比起II型单纯疱疹病毒，I型单纯疱疹病毒（冷疮）现在造成了更多的生殖器官感染。[5]

过去四十年里，医生们已经从治疗两种性病过渡到对付25种不同类型的性病。真正的数字取决于你怎么算。举例来说，因为艾滋病毒有两种菌株，所以，可能出现两种感染。至于HPV，则有80到100种菌株。幸运的是，只有12种会引起生殖器感染的病毒可能导致宫颈癌。那么，HPV是1种感染还是12种？简单的回答是，无论你怎么计算，我们的孩子都面临性传播疾病流行的危险。

在每年1500万到1800万新发性病病例中，三分之二的病人年龄在二十五岁以下。[6] 这个结果令我不能接受，作为父亲，你也应该无法接受。

不要以为你的女儿就读私立学校、教会学校或者位于安静小镇的公立学校，就能远离这些危险。不会的。这些感染不受任何社会经济、种族和宗教藩篱的限制。也许在十年前它们会受限，然而现在已经今非昔比。

作为一名儿科医生，我已经亲眼见证了疫情的发展，尽管如此，和大多数同事一样，我没有立即承认这个事实。像我这一代的很多父母一样，我眼看着电视、政治和大众传播被互联网所改变，商人甚至利用性来向孩子推销产品。有些变化令我困扰，但我这一代人长大的时候，父母们没有抱怨电视、流行音乐造成的坏影响，没有指责行为极端、不尊重人的孩子，以及堕落的道德标准，所以，当这一切发生时，我没有在意。毕竟，变化是生活的一部分。

作为一个年轻的实习生和住院医师，我的工作是与青少年和他们的婴儿打交道。我喜欢这份工作。来到霍利奥克学院（它是一所全女子学院）之后，我热衷于帮助女孩子解决健康问题。老师曾经告诉我们，帮助她们的最好方法是让她们在学校里接受生育控制措施：给她们打甲羟孕酮避孕针，使用口服避孕药，或者皮下埋置避孕药剂。防止怀孕在医学上是很简单，但与怀孕的孩子打交道实在令我筋疲力尽，所以我决定休息一下。

在此期间，我开始和丈夫专心抚养我们的三个女儿。随着年龄的增长，她们希望去商场买衣服，她们的爸爸从来不带她们去，是我带她们去。当她们十几岁的时候，就想到一家著名品牌的专卖店买牛仔裤，因为她们的朋友都穿这个牌子。当我们走进店里的时候，一幅巨大的海报映入眼帘，上面显然是一个二十来岁的裸体美男。很快，我发现这种面向孩子的性欲化的营销无处不在。

我本想不去在意，结果又在工作中发现了这些变化的影响：孩子们开始在更早的年龄开始性行为。20世纪90年代，我的病人有在六年级和七年级的时候进行性活动的，后来，我见证了生殖器疱疹的爆发，看到了一些可怕的后果。

一位年轻的母亲分娩时并不知道她患有疱疹，因为她没有觉得疼。生完孩子不久，她原本健康的宝宝开始发作可怕的癫痫，皮肤青紫，浑身发抖，呼吸很不稳定，似乎快要死了。宝宝的脑组织核磁共振检查表明，大脑上有一些穿孔，是疱疹害了这个孩子——问题在于，这个母亲从来不知道自己感染了疱疹，是她丈夫多年前从一个女朋友那里传染了疱疹，但他为了"保护"妻子，结婚时一直没有告诉她这件事。

此类故事的数量一直在增加。我有一个十三岁的小病人，是个漂亮的小姑娘，却得了宫颈癌。就在她十四岁生日前，她的妇科医生切除了她的大部分宫颈，以阻止癌症的发展。如果这可怜的女孩现在怀孕的话是很危险的，因为她的子宫可能无法保持住胎儿。

迫于压力，很多孩子急于发生性行为。父母们有时候很难意识到时代变化得如此之快。20世纪70年代，大多数的孩子——青少年——在性方面并不活跃，如今却恰好相反。

即使我们了解了相关的统计数字，也仍然可能看不到它们的重要性。这种情况并非无害。性病的流行对你的女儿构成生命的威胁。如果十几岁的孩子不参与性活动，他们很可能被视为不受欢迎的人，是不成熟、不正常的怪胎。你必须帮助孩子平衡来自同龄人的压力，如果不告诉女儿她为什么要推迟性活动，她就可能去做。而你需要教导她如何不辜负你设立的标准。事实就是这样的：因为她的朋友们可能有过性行为，而与你女儿约会的男生尽管是个好人，却也可能在与你女儿交往不久就希望与她发生关系。

我还注意到另一种趋势。性活动开始得早，不仅会导致性病病例不断增加，也意味着我的许多年轻病人在小时候拥有多个性伴侣。另外，患抑郁症的女孩数量也在迅速上升，和同事们一样，在医学院的时候，我并没有受过治疗抑郁症的训练，那是精神科医生的专业，我们没有抗抑郁药物，甚至也不像现在这样了解抑郁症的根源。

但是，我的病人中一位年纪才九岁的女孩曾经被他们的父母带来找我，因为他们知道女儿身上发生了可怕的事情。随着时间的推移，我在病人中间发现一种明显的关联：如果他们性活跃，那么就很可能患抑郁症。正因如此，虽然研究无法证实我所看到的——因为还没有这方面的研究（可能以后会有），我在考虑将抑郁症视为性传播疾病的一种。没有人关注我们的孩子。

每当我下班离开办公室，都会对社会与文化的脱节感到震惊。我看到越来越多的女孩子受到抑郁症和性传播疾病的蹂躏，从商场、杂志和电视中，我发现我们的流行文化似乎对这个事实漠不关心。精彩的营销方案把年轻漂亮的女孩引诱到性活动之中，以性的名义将衣服、洗发水、CD 和铅笔卖给她们，向她们传递光鲜亮丽的媒体消息。然而，在媒体虚构的世界之外，我看到的是性让一个又一个女孩子得上传染病。我看到她们陷入抑郁，看到她们想要自杀。

而每个人都在沉默。我们医生沉默。牧师在讲道中从来不提性。神父也不会提。父母们不愿谈论这个话题。我们没有保护好自己的孩子。我们想当然地觉得他们可以观看在大屏幕上展现性主题的 R 级电影。我们把问题留给老师，让他们告诉孩子们需要使用安全套，似乎这样就可以预防抑郁症，甚至能控制越来越多的性病（安全套不能解决所有问题）。

最后，我开始和医学界的朋友们讨论："你们告诉过女孩们 HPV 的风险了吗？还有衣原体病会引起不孕吗？或者疱疹能够传染给她的宝宝吗？"

不，他们没有。并非因为他们是不称职的医生，而是出于两个原因。首先，他们没有时间进行长时间的讨论。保险公司会对医生们施压，让他们每天接待许多病人。其次，很多医生只是觉得和孩子谈话没有用。我总是听到这样的话："现在的孩子都有性活动。看看周围的人吧，我们什么都做不了。"

因此，很多医生宁愿只是给小病人注射避孕药，分发避孕药品，或者请求女孩们坚持让男友使用避孕套。我十分理解同事们为什么这样做。他们感到不知所措，我也是。但事实是，很多人——医生、教师和护士——并没有做好本职工作。我们是在止损，而不是努力让孩子们回归正确的道路。安全套是止损措施，对于我来说，这样已经不再足够了。

我已经研究了相关的医疗数据。围绕病人们的问题，我思考过很多。我跟孩子和家长谈过，咨询过我的同僚。有一个解决方案，能够防止女孩们太早参与性活动、与太多的男生进行性活动。问题的答案就是：你。

父亲们可以确保女儿对性建立健康的认识，可以指引女儿在性方面做出明智的决定。你知道你十几岁的女儿不应该总吃避孕药、用安全套、接受性病治疗。她值得过比这更好的生活。作为父亲，如果你亲眼见到我每天工作时见过的事情，你就会知道该干什么，而且你一定会成功。

你需要了解一些数据，因为你的女儿需要你的帮助。请看一下关乎你的女儿和她的朋友的一些医学调查结果。

◎ 如果目前青少年的性活跃水平保持下去，到2025年（从现在起不到二十年。注：本书英文版首版于2006年），39%的男性和49%的女性的生殖器疱疹测试结果将是阳性。[7]

◎ 每年有300万到400万名美国青少年染上新的性病。即每天约有一万名孩子染上一种新性病。[8]

◎ 在全国范围内，十五到十八岁的女孩患淋病的可能性最大。[9]

◎ 1995年美国十大最常见的疾病中，性病占全部报告病例的87%。[10]

◎ 近四分之一的性活跃的青少年目前患有性病。[11]

◎ 虽然青少年仅占总人口的10%，但他们在性病患者中占25%。[12]

◎ HPV导致了95%到99%的宫颈癌。[13]

◎ 有些HPV菌株与头部和颈部的癌症有关。[14]

◎ 45%的美国黑人青少年和年轻的成年人的生殖器疱疹测试结果呈阳性。[15]

作为父亲，这些数据会令你感到震惊。好的。我们必须认识到，我们面对的是非常严重的问题。

安吉拉的父亲就认识到了这一点。后来他表示，如果早知道女儿会如此不幸，他一定会帮助她，也许能够阻止她的抑郁症变得无法控制。安吉拉十六岁时，约会了一个男生塔克，她认为这个人是自己"命中注定"的白马王子（女孩们经常想这些问题）。塔克比安吉拉大，她高中即将毕业，快要上大学了。他们交往一个月后,安吉拉觉得是时候让塔克得到他想要的东西了。(在很多青少年眼中,一个月的交往就算很长时间了;这么长的时间说明他们的关系是认真的。)她有些犹豫,因为她是个处女。她听朋友们谈论过她们的性经验,以及如何令人失望,所以她一直在犹豫不决中等待。然而,她觉得自己还是不能因此错过一个有希望的结婚对象。(父亲们,大多数十几岁的女孩确实会这么想,你需要纠正她们。)

一次,他们去看了电影,然后吃了晚饭。在回家的路上,安吉拉告诉塔克她已经做出了决定。他非常激动,但她又表示,虽然她想做爱,但也希望保持童贞和防止传染病,所以,他们可以进行口交。塔克接受了——他表示,至少这一次可以这样。所以他们就在车后座上互相口交。

短短几天之内,塔克把这件事告诉了他的哥们。像男生女生常做的那样,他们又告诉了别人。不久,大部分朋友都知道安吉拉做过爱了。他们很惊讶,安吉拉告诉我,因为她班上的每一个人都认为她不会屈服于压力而发生性关系,她太有原则了。

四周后,安吉拉出现了严重的生殖器疱疹症状,排尿时疼痛异常,甚至不敢坐下。她的病不是II型疱疹引起的,而是I型疱疹病毒(口腔疱疹)。她的剧烈疼痛持续了大约四天,甚至需要麻醉药来止疼。但更令她痛苦的是塔克的做法,他不仅告诉他的朋友她得了疱疹,还戏称她为"疱疹小姐"。她很快就成为所有男孩都不想要的女孩,遭到羞辱,变得非常抑郁。即使这样,她仍然觉得自己是个处女。

半年后,在她家的浴室中,安吉拉吞下两大瓶泰诺,她再也无法忍受下去了。她认为生命不值得继续下去,所以选择了放弃和死亡。

她的父母感到震惊。安吉拉不是没有朋友,而且她的成绩优异,未来充满希望。他们从未想到为了塔克的缘故她会自杀,因为他们一直认为他是个很好的、值得尊敬的小伙子,以为他不会占她的便宜,他们也不会做爱。

你不能把女儿的人生押在这些类型的假设上面——太多的父母为此付出了惨痛的代价。

这里还有一个非常重要的医学事实：女孩的性伴侣越少，她得性病的可能性就越小。[16] 她等待推迟发生性关系的时间越长，拥有性伴侣的数量就可能越少。[17]

所以，父亲们，你一定要帮助她，教她等待。连疾病控制和预防中心的负责人朱莉·吉尔伯丁博士也这样认为。最近，她写了一封关于预防年轻女性感染HPV的信给美国国会。为什么呢？因为疾病传染已经失去了控制，女性（特别是年轻女性）感染疾病的问题首当其冲。我有幸到国会的听证会上作证，听到了吉尔伯丁博士的发言：她告诉国会，HPV能够引起妇女宫颈癌，我们需要遏制HPV病毒的传播。她说，最好的办法是让女性减少性伴侣的个数，越少越好，并且尽可能推迟初次性活动的时间。此外，妇女应避免与感染者发生性接触。（然而，问题在于，除非HPV菌株能够导致肉瘤，否则不会引起症状，但这些菌株不会引发癌症。而且，只有1%的HPV感染会导致肉瘤。）

现在，你可能想要知道，最有效的备用计划是什么？灵丹妙药中的灵丹妙药就是：安全套。然而，为什么吉尔伯丁博士不只是强调使用安全套预防HPV感染的重要性就可以了？原因很简单：安全套无法完全预防HPV的传播，因为它是通过皮肤传染的。虽然参与性病防治计划的医学从业者、保健诊所和教师都恳求青少年使用安全套，甚至免费发给他们，但令人遗憾的事实是，安全套不能阻止你的女儿受到所有性活动危险的伤害，包括抑郁症。

当家长和孩子们问我："安全套有用吗？"我会尽量给他们我所知道的最确切的答案。这些知识是我听一位同事说的，他号称"安全套之王"，他了解迄今为止关于安全套的所有研究结果，所以，我能给出的最真实、医学上最准确的答案是：这要看情况。

安全套在避孕和预防性传播疾病方面达到何种效果，取决于许多因素。首先，为了使它们有效，每次单独的性交都要使用新的安全套，每次使用时佩戴要正确。研究告诉我们，安全套使用不当的情况频繁出现。[18] 其次，安全套是否有效取决于你指的是哪种感染。根据历史记录，安全套对 HIV 预防效果最好，对 HPV 预防效果最差。[19] 这是因为感染源的不同。HIV 病毒存在于体液中，所以，一个橡胶套可以成为防止体液入侵的屏障。然而，疱疹类，如梅毒，可能存在于安全套覆盖不到的皮肤上。

其他因素包括安全套破损与泄漏的问题，以及孩子使用它们的方式和时间。研究表明，青少年性活动历史越长，越不太可能使用安全套。[20]

我相信，以上现象存在两个原因。首先，青少年的想法与成年人不同。他们真的相信不好的事情不会发生在自己身上。所以，他们认为，如果发生几次性关系之后，他们"没有得到"感染，那么以后就永远不会感染。而且，孩子们往往不知道他们感染了。有 70% 到 80% 的可能性，受感染的人（例如被疱疹、衣原体等许多病毒感染）并不会出现症状，一旦传染给别人，将引发严重后果。因此，青少年往往认为自己一切正常，结果等生出了因疱疹大脑受损的孩子，才追悔莫及。

第二，我个人发现，孩子们——男孩和女孩——在初次性交后会更换性伴侣，有人拥有过多个性伴侣。他们似乎不关心这样做的危险，采取一种"无所谓"的态度。我认为，他们停止使用安全套的原因是他们不认为自己有危险，而且即使得了传染病也无所谓。这是我个人观察的结论。

所以，问题在于，父亲们，你的女儿可能并不重视安全套的使用，你需要出手帮助她，采取你的父母并没有对你用过的方式。今天的生活真的与过去不一样了。

抑郁症是一种性病

在我的实践中，我花了很多时间倾听青少年的意见和教导他们。我治疗过很多抑郁症。十几岁的男孩女孩都可能得抑郁症，抑郁症的严重程度和广大的涉及面不容小觑。青少年的性活动与抑郁症的联系是如此强烈，以至于几年前，我就告诉病人，除非他们至少停止一段时间的性生活，否则我无法治愈他们的抑郁症。许多孩子有很长时间的性活动史，所以，他们认为，暂停的时间如果超过了几个月，他们是无法忍受的。起初，他们会犹豫不决，表示自己不能或不会。于是我让他们尝试一个星期，然后再来找我。再来的时候，他们通常会同意暂停性活动。他们再次来访时，我会告诉他们"性搞乱了他们的头脑"。到目前为止，我还没有听到任何青少年反驳我这句话，说事实并非如此。我让他们知道，如果不停止性行为，他们的抑郁症是不能完全治好的。

研究人员早已知道青少年的性活动与抑郁症有关，但问题是，两者的前后关系是怎样的——是先有性还是先有抑郁。抑郁的孩子更倾向于参与高风险的行为，性行为就是一种高风险行为。然而，去年，人们针对青少年、性别与情感的问题进行了一次出色的研究，研究人员发现，"从事性行为和吸毒的青少年，特别是女孩，将来会有抑郁的危险"。而且，他们的结论是，"因为青春期的女孩可能对人际关系更敏感，性活动会更增加她们人际关系方面的压力"。[21] 调查结果清楚地表明，参与性活动的女孩应该接受抑郁症筛查。研究人员的发现也验证了我的临床经验。

说真的，这是常识。当遇到某种损失，又无法通过正常的情感方式表达出来时，孩子们会变得抑郁。就性活动而言，这种现象很常见。当一个女孩发生了性关系，失去了童贞，时常会随之失去这方面的自尊心。她的男友可能会将这件事传遍整个学校，或者逼她做她不愿意做的事情，或者漠视她的情感创伤，抑或是为了别的女孩甩掉她，或者贬低她没有性技巧。你会惊讶于有多少十几岁的女孩曾经告诉我，她们已经完全放弃了"性是愉快的"这种看法，而过去媒体向她们宣传的却是性非常美妙。面对现实，她们非常失望，但她们不会认为是媒体在说谎，而是归咎于自己。因此，她们会不断尝试不同的性伙伴。然而，她们期待的和性有关的亲密与浪漫却没有出现。她们失去了自信和自尊。很多人觉得她们失去了一部分

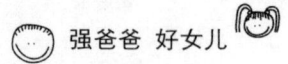

自我，而且永远都追不回来了。

这些女孩是看着电视剧里的性镜头长大的，她们看那些讨论如何变得性感和如何拥有完美性爱的光鲜亮丽的杂志，还有从头到尾表现性话题的音乐视频。当她们真正体验性的时候，却觉得大失所望，并不喜欢，她们认为自己作为人类很失败。是我们成年人将她们置于此种境地。

几个月前，一家正在研究新的 HPV 疫苗的制药公司联系了我，这种疫苗将很快面市，医生会建议在青春期之前给女孩注射这种疫苗。接到那个电话之后不久，一个大型新闻节目就找到我，希望我对女孩是否可以穿着具有性诱感意味的衣服发表看法，这种衣服上印着诸如"我性感"或者"想要吗？"之类的标语。

你能想象得出，假如卷烟公司向青少年销售 T 恤，并且在上面印着"想放松一下吗？来根烟吧！"或者"香烟最棒！"这样的标语会怎么样？当某制药公司准备推出一种帮助年轻女孩预防肺癌的疫苗——这种疫苗是联邦法案要求每个女孩都要从九岁开始注射的——的时候，如果卷烟公司进行这样的宣传，你觉得感觉如何呢？

事实是，大众文化把性商品卖给我们的青少年，导致青少年性传播疾病和临床抑郁症的比例飙升，而且，请不要指望任何人会出来管这种事。能够防止你的女儿陷入这种运用了现代营销手段的皮条客文化的，唯有你。

而最好的消息是：比起安全套、任何性教育者、学校护士和医生，你能够为女儿提供更为有效的保护。孩子们每天都在证明这个事实。他们希望自己的父母可以告诉他们什么是对的，什么是错的，什么是应该做的。如果你不希望你的女儿在十几岁的时候就参与性活动，你需要告诉她为什么和怎么做。你要坚持战斗，维护她的纯洁，捍卫她的身心健康。这场战斗你一定能够——也必须——打赢。

你不能依靠学校教导你的女儿，像很多家长那样。多年来，在学校里和在媒体上，我们已经向孩子们讲解了安全套的用法，恳求他们使用，但所有这些反而加快了性传播疾病的肆虐速度。因此，事实说明，安全套并不能解决问题。

第二个选项是教育孩子推迟性活动,直到他们长大为止。一些教育工作者认为,这是不可能的,但是,目前由年轻人在全国各地发起的节欲运动表现出有希望的迹象。这些活动在青少年中的流行,说明他们正在寻求帮助和鼓励。我永远不会忘记几年前在某个医学研讨会上发过言的一个女孩,她在台上和一组青少年讨论性。其中一个女孩谈了青少年母亲的问题,另一个孩子讲了她为什么停止了性行为,决定做"二次处女"。但是,那个大约只有十七八岁的女孩告诉我们——满屋子的医生——"我们很困惑。我们听到的所有信息都是从朋友和老师那儿来的。把事情搞明白,这很难,你们知道。我和我很多的朋友们最希望的是得到一些帮助,但我们不会总是得到帮助。我们有一个大问题,你们知道这个问题是什么吗?就是你们!是你们的问题。你们医生,还有其他成年人,你们觉得我们什么都干不了,对吗?我厌倦了你们总是谈论我们是如何失去了控制,请听好——我们没有失去控制!"说完,她转身走下了讲台。

撇开她的尖锐态度不谈,她说的是对的。我们辜负了我们的孩子,我们没有给他们制订规则。面对性传播疾病在青少年中的流行,我们无所谓地耸耸肩,说我们无能为力,只有发放安全套,给九岁的女孩打 HPV 疫苗。不过,虽然我们大人都放弃了,你猜猜,全国范围的青少年性活动比率怎么样了?开始下降了。这是我在工作中亲眼所见,我孩子的朋友也可以作证。尽管他们公开谈论性(当然不涉及细节),但你应该知道,你女儿的很多朋友不想参与性活动,有些人很可能不会参与,还有很多人可能正在寻求父母的帮助。他们感到了来自同龄人的压力,便保持安静来避免招致压力,他们十分希望父亲们以强硬的姿态站出来帮助自己。

总结

我并不想批判学校里的性教育,但是,你要知道,你的女儿接受到的很可能是一些混合信息，要求她应该放弃性，但如果她确实有性行为，就应该让她的男友使用安全套。

一个七年级的病人对我说，在性教育课上，她的老师鼓励他们禁欲，直到他们长大一些为止，因为性行为是危险的，会导致很多疾病。但老师没有解释如何避免性生活。

接着，非常令那个女孩尴尬的是，老师拿了一只香蕉，给全班演示如何使用安全套，还把套着安全套的香蕉发给学生们练习。

"我该怎么办？"我的病人问我，"我应该等待吗？我男朋友挺想发生性关系。我猜大家都想，因为老师告诉大家，只要用了安全套就没有问题。所以我很困惑。"

这样的情况我见多了：青少年一直从学校、教会和民间团体那里接受着鱼龙混杂的信息。

请放心，你的女儿听到过很多关于性、节育、堕胎、性病和口交的信息，比你十三岁时了解的多得多。这些信息有些是对的，有些是错误的，但我可以向你保证两件事：首先，你可能反对学校里教给她的东西；其次，你的女儿想知道你对性的看法。信不信由你，你比她的老师、布兰妮和品牌牛仔裤的影响更大。你要善用你的影响力。如果你认为她应该推迟性行为——即使你是用行动和信念表明的态度，而没有直接说出来——她也很可能按你的意见去做。研究表明，如果孩子观察到父母不希望他们参与性活动或者采取节育措施，他们就不太可能在青少年时代有性行为。

出于多种原因，我强烈呼吁帮助女孩推迟初次性交年龄。我发放过避孕药具，包括安全套，而它们并没有给孩子带来健康。它们可能避免了怀孕，但在我们教导女孩采用避孕措施来解决问题时，抑郁、感染和自我贬低都可能成为更大的问题。

你需要自行决定你希望女儿怎么做，并且执行相应的计划来保护她。如果你不这样做，她学校里那些睾丸酮分泌充足的男生就会执行另外一套完全不同的计划了。

该怎么办

这里有一个计划模板，是基于我的所见所闻（在研究和实践中）设计的，对父亲们有一定的帮助。

1. 尽早教会孩子自尊自爱。当她三岁时，就开始告诉她，她的身体是特别的，是美丽的，她需要保持它的特殊性。当她长大一点，让她知道，泳衣覆盖着的地方是非常私密的部位，只有医生、你或者她的妈妈能看到那些部位。让你的女儿知道，如果有人摸了她的私处，要把这件事告诉你。不要让她裸体在家里乱跑。在给她买衣服之前，和她谈谈各种衣服的问题。即使你离婚了，你的前妻不同意你的做法，也要为了你的女儿坚持下去。我向你保证，从长远来看，教你女儿节制会让她的自我评价更高。
2. 当她与人约会时，去打扫车库。每个与你女儿约会的男孩都应该知道，他要向你负责。无论他只是带她去喝咖啡还是看电影，无论他只是个"朋友"，让他知道，你会在家里等你女儿回去。当他送她回家时，一定要让他看到你。

很多家长犯的错误是，试图躲在幕后。他们害怕对女儿控制过度或者保护过度。我们不想让女儿为难。但女孩们也告诉我，当爸爸坚持与她们的男友握手，或者在朋友家的聚会上找她们时，她们会有一种被爱的感觉。

如果你女儿的男友到你家去接她，不要让他在车里等着或者按喇叭，让他进来见你。在两人离开之前，问女儿她什么时候回家。（当然，你早已知道答案，因为你和女儿之前已经商定过几点回家的规则。你只是想确保她的男友知道她应该何时回家。）然后，告诉她的男朋友，你期待在九点或者十点（无论你和女儿定在几点）再次看到他。

当我自己的女儿们出去约会时，我的丈夫会频繁地在房子外面干家务（即使晚上也这样），例如铲雪或者打扫车库。他通常会在姑娘们应该回家的时间之前干这些事,虽然他声称自己这样做并非有意,我却不相信他,因为他在晚上干活,车道上的照明灯总是亮着的,所以,没有人会在车道周围搞小动作!

　　作为一个父亲,你可能认为这没有必要。毕竟,你的理由可能是,女儿是个好孩子。这正是我当时的想法。然而,好女孩可能会好得过分,很多好女孩告诉过我,她们会和自己不喜欢的男生约会,和他们做爱,原因仅仅是不希望伤害他们的感情!

　　这正是需要你来保护女儿不被她自己伤害的原因。请提醒那些男孩,他们要为自己的行为负责,你——而不是你的女儿——保留追究他们的责任的权利。

3. 和她一起做计划。让女儿明白,性是为以后准备的。让她知道,她的身体和情感都还没有准备好。有些父亲鼓励女儿要等到大学毕业后或高中毕业后,还有一些鼓励她们等到结婚后再有性行为。从医学的角度来看,感染的风险取决于性伙伴的数量。性伙伴越少越好,最好只有一个,从心理学的角度来看也是如此。在青少年时期避免性接触的女孩,出现心理问题的可能性较低。在青少年时期避免性活动的女孩抑郁的可能性也较低。让她知道,等待的时间越长,结果越好。

　　许多父亲会送给女儿一条项链或者一枚戒指,提醒她们履行承诺,推迟性行为。我知道,有些愤世嫉俗者认为这样不管用,因为女孩们先是会打破承诺,然后才追悔莫及。但他们的想法是错误的。给女儿一样纪念品来督促她,将会对她产生强有力的影响,纪念品可以提醒她,你对她的期望是什么,以及你对她有多么珍视,它会帮她建立起自我价值和力量感,这是一个实实在在的承诺。就算一件纪念品只能让你的女儿等待一年或者两年,也称得上胜利,因为她们等的时间越长,性伴侣就越少,受到感染的可能性就越小。

第5章
保护她，捍卫她

几年前，海蒂来到我的办公室体检。她十六岁，她说，她的生活非常不错。我问她有没有男朋友，她迅速并且着重地回答：没有。我不知道为什么一个十六岁的孩子的态度会如此坚决，于是问她为什么。

"不，这并不代表我不喜欢男生，只是，我的脑子里已经有很多东西要想了，如果我有了男朋友，就会去做我真心不想做的事。"

我的好奇心大涨。

"比如什么事？"我问她。

她似乎吓了一跳，先是愣了一下，然后说："嗯，你看到我的戒指了吧？"她伸出她的右手无名指。"这是我爸给我的，三年前他和我妈离婚之前给我的。自从他去了南卡罗来纳州，我见到他的机会就少了。无论如何，有一次，我几乎陷入了麻烦，这个戒指真的帮了我。"

她继续说："去年，我和一个很好的男生约会。他比我大一岁，我们交往了几个月，而且讨论过做爱什么的。他不知道我的戒指代表什么意思，我也不想告诉他，因为它对我爸爸和我来说有特殊意义。一天晚上，我们出去约会的时候，你知道，我们，嗯，开始亲密起来。我真的想那么做。所以，我们继续下去。然后，当我抬起手来，就看到了戒指，我感觉很古怪，觉得有负罪感，虽然我希望继续下去，但是我又想起我爸爸。所以，一看到戒指，我就停了下来，真的停了下来。"她语气坚定地说。

"我相信你，海蒂。"

就像她给我讲故事时那样从容，海蒂自然地转换了话题，我们开始聊起别的内容。

不要让任何人——包括你的女儿——告诉你，等待是不可能的。绝对可以做到。请把它当成你对女儿的期望。如果你愿意，可以给她戒指、项链等信物作为提醒。

4. 说点什么。父亲们一般不好意思和女儿讨论性的问题。所以，你可以在女儿四五年级的时候——大部分公立学校都在四五年级开始性教育课程——

以简单的语言与她沟通,就像你们讨论日常话题那样,问问她在性教育课上学了什么,并且在必要的时候予以纠正。告诉她,如果有问题,可以来问你。

当女儿进入初中时,问问她,她的朋友们都在做什么,还有其他孩子——甚至包括她不喜欢的那些孩子——在干什么。他们喝酒吗?他们有过性行为吗?让她知道你的看法。在女儿上高中时也要继续这样的对话,观察她的行为,她与别的孩子打电话时说些什么,她是怎么打扮的,都到哪里去。如果她衣着诱惑,很可能是有原因的,这时你一定要对此发表一下意见。

最重要的是,让她知道你如何梦想她的未来——你希望她在未来平安、快乐、健康。在你们都放松的时候,可以与她进行一次私下的谈话。开车出去转转是个好主意,睡觉前谈心也不错。很多高中女生告诉我,她们喜欢父亲过来和她们说晚安,她们会感到被爱,有安全感。这种影响可能是终身的。

玛丽,现年四十二岁,是四个孩子的母亲。她告诉我,从她记事起,直到大学毕业,她的父亲每天晚上都会到她的卧室去,说晚安。

她父亲布雷特在一个小镇上做全科医生,玛丽记得,家里的电话铃声总是不断。父亲经常在晚间出诊。为了一起吃晚饭,她的母亲会等他很长时间。玛丽说,她非常怀念父亲,而且,在内心深处,她钦佩他对自己的工作的承诺,因为他认为这个职业是高尚的,他深深地关心他的病人。同时,玛丽也知道,他一直都爱她和他的家人。

"我想,对他来说,这就是道一声'晚安'为什么如此特别的原因。"她告诉我,"我平时不常见到他,所以,我们共处的那短短的几分钟就显得珍贵,那是只属于我们的时间。"

玛丽接着说:"经常是我在床上快要睡着的时候,看到走廊里的光透进我的房间,他轻轻走到我的床边,坐在床沿上,他的块头大,床沿会陷

第5章
保护她,捍卫她

下去,结果让我滚到他那边。"

"有时候,他坐在那里,我们就聊天。有时候我太累了,会察觉到他在旁边祈祷。他祈祷的时候从不出声,只是在心里默念。他告诉我,他为我感谢上帝,因为我是独一无二的。然后,在离开之前,他会俯下身来亲吻我,在我耳边低声说一些我当时觉得奇怪的话。他会说:'记住,玛丽,你的新婚之夜会是非常特别的,你也是特别的。'"

"你简直不会相信,这让我多么喜欢自己,喜欢我的爸爸。当我上高中和大学时,我会在与我交往的男生身上寻找我父亲的影子,如果找不到,我就放弃他们。爸爸是我眼中的巨人。关于性方面,高中和大学时我是怎么做的?可以告诉你,我当时想了很长时间,想了很多。每次我想尝试性行为的时候,就会想起他的话,这些话从来没有让我感到内疚或者难过,反而使我更坚强,更对自己负责。因为这些话语,我拒绝了很多想要性的男生。"

这是只有你能够给你的女儿的保护,这样做会拉近你与她的距离,让她真正主宰自己的身体、欲望和人生。任何电视演员、流行歌星或者杂志都不能给她这些。只有你可以。当外部环境干扰她的时候,你必须当机立断,将它们扼杀在进展的过程中。

不妨这样说,如果你不希望你的女儿在高中就有性行为,就必须把这句话直接告诉她,你必须亲自教导她。否则,她就会去尝试。流行文化会训练现在的孩子过一辈子滥交的生活。

《花花公子》杂志上的模特都是别人家的女儿,千万不要让你的女儿成为其中的一员。只有你能保护她美丽的身体。短期内,她可能会恨你这么做,但等她长大了,她会感谢你。而且,她的感谢来得要比你想象中的快。所以,请坚持战斗下去。

Chapter 6

Pragmatism and Grit: Two of Your Greatest Assets

第6章
务实和毅力：你的两大资产

许多在工作中非常善于行动、思维和推理的男人,下班回家后却筋疲力尽,每天在工作中表现出来的各种技能似乎都蒸发了。

第 6 章
务实和毅力：你的两大资产

凯莉是我最可爱的小病人之一。她只有十岁，脸上有不少雀斑，还有一头明亮、蓬松的红发。但凯莉最可爱的品质是她的活力，她的语调、风度和动作，无一不带着活力。

她的父亲和母亲，迈克和莱斯利，是优秀的父母：平和、有魅力、热情，有良好的纪律性。当他们的儿子（现在已经到了上大学的年龄）小的时候，他们决定给家里再添个女儿，于是就收养了凯莉。

不过，凯莉是个倔强的孩子。她意志坚强，挑战迈克和莱斯利所说的一切。当他们纠正她时，她坚持认为他们不理解她——有时候，他们也会认为她是对的。

还包着尿布的时候，凯莉就表现出儿童多动症的特征，不过没有那么暴躁。在学校里，她的精力都用在了说话和随心所欲上。她不停地和朋友们说话，经常扰乱课堂，在老师眼里，她是个问题学生。坐车兜风时，她会聊个不停。如果她高兴了，她父母也跟着高兴。然而，随着凯莉年龄的增长，她变得越来越暴躁——以至于迈克经常不希望女儿出现在自己身边。

一天下午，迈克和莱斯利来到我办公室谈凯莉的事情。他们都是专业人士，穿着讲究。当我问他们"你们家都还好吧？"时，莱斯利哭了起来，迈克静静地坐着。

"彻底失控了，"莱斯利流泪道，"凯莉不对劲，我们想劝她，可她一直和我们吵，我与迈克和她的每一次互动都是负面的。"

迈克点头道："对，她每发一次脾气，我们就从她那里拿走一样东西，现在已经没有什么可拿了。我们给她租过一匹马，我猜我们可以把马给没收了，但是，骑马是她唯一的锻炼和放松方式。"

"我们做错了什么？"莱斯利哭道，"我们尝试了所有办法，她这样做是不是恨我们，因为我要工作不能陪她，因为她是被领养的？我不明白。她的哥哥就没有这些问题。我知道，我们做父母的对待不同的孩子时会略微不一样，我们应该去看心理医生吗？你认为她有学习障碍吗？难道她有躁郁症？为什么我家的气氛会那么紧张？拜托——请告诉我，我们哪里做错了。"

迈克看着他的妻子，他对凯莉的关爱之情溢于言表，他也觉得对不起莱斯利。

莱斯利说了大约四十五分钟，迈克和我听着。她哭起来，我们等她哭完。他点头表示同意她的话，偶尔评论一两句。

最后，迈克说了一句话，这句话激怒了莱斯利，他说："所以，米克博士，我们能做些什么？"

"你还不明白，对吧？"莱斯利脱口而出，"我们需要知道错在哪里。我们哪里对不起她？为什么她不爱我们？"

在看待凯莉的行为时，莱斯利太有针对性了，她想知道为什么凯莉会有那样的感觉，她非常想去同情和理解她，这是女性处理问题时常常采取的方式。

迈克显然对这个问题有不同的看法。我看着他——他穿着笔挺的西装，洁白的衬衫，海军蓝的领带，看起来似乎在分析和思考，试图找出解决方案。莱斯利把凯莉的问题归咎于自己，而迈克没有，因为当务之急是解决问题，像莱斯利那样只是着急是没有用的——迈克的反应更加务实。

"我们可以做些什么？"他重复道。

第 6 章
务实和毅力：你的两大资产

在那一刻，我们三个人同时陷入了沉默。我必须承认，作为女人，我同情凯莉，也理解莱斯利的情绪反应。但我们静静地坐在那里时，我意识到迈克的做法更明智。我列了一张表，划了几条线把凯莉的行为标出来——根据这些症状，她被诊断出患有注意力缺陷多动症障碍（ADHD）。

"莱斯利，"我说，"因为她的多动症，凯莉出现了行为异常，脾气暴躁，这是她无法控制的。你和迈克也没有办法控制，你们是很好的父母，但你们不能改变她的情况。"

她似乎松了一口气。我继续说下去。

"你们知道，我不相信大量服药就可以治愈儿童多动症，但凯莉的症状足够严重，所以，她可能受益于服用小剂量药物，我想，药效将是显著的。"

"我知道，米克博士，但迈克和我不喜欢兴奋剂，我真的认为我们可以帮助她。"

我开始尝试不同的策略："莱斯利，你认为这是你们的错——你们十岁的女儿出现多动和强迫性多言等症状是因为你们是糟糕的父母，这是真的吗？"

迈克抬起头，惊恐地看着我。我猜他打算跳起来掐死我。

莱斯利惊呆了，她点点头："是啊，我从内心深处相信是这样的，是我搞砸了。"

"迈克，你相信你是个坏爸爸吗？"

"不，绝对不是。我已经尽了最大努力。我爱凯莉，这也不是她的错。"

迈克和莱斯利是虔诚的基督徒，他们积极参与宣教事工，所以，我开始默默祷告，请求上帝的帮助。"好吧，莱斯利，我知道你相信上帝，他是谁？他是个完美的父亲，对吧？这不正是你相信的吗？"我问。

"是啊。"她回答。

"你看，他也有各种各样糟糕的孩子。"

我想，莱斯利应该意识到，就连上帝这样完美的父亲，也会有非常不

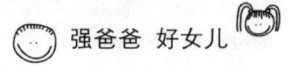

守规矩的子女。

我的朋友邦妮——她是个护士,拥有小丑表演的执照,还是圣公会的执事——几年前发表了上面这番评论,当时她发现自己收养的 17 岁女儿怀孕了。邦妮曾想创办一个俱乐部,叫做"美国最糟糕妈妈俱乐部",后来,她说,上帝提醒她,他也有一大堆离经叛道的孩子。

迈克认为,凯莉需要时常体验快乐,而且,她需要我推荐的药物。虽然莱斯利还是担心,但迈克选择了行动,最后我们都同意给凯莉服药。

一个月后,莱斯利打来电话,说凯莉进展得很好——甚至自我感觉也好多了,凯莉终于能笑出来,恢复了自控力,而且也没在学校惹出麻烦。莱斯利和迈克也喜欢陪在她身边了。

我的观点是,父亲们常常是在家庭讨论中提出务实的解决方案的人。男人看待问题不同于女人。女人善于分析,想要了解问题,而男人则希望解决问题——他们想做点什么。这常常惹恼妻子和女儿,她们会清空脑中的思维和情绪,做出总结,就像莱斯利那样,来上这么一句:"你就是不明白,对吧?"甚或是指责你冷漠无情。然而,这只是因为你不那么喜欢谈论问题,而更愿意针对问题采取切实的行动。

二十多年来,我看到过很多父亲努力试图分析和解决女儿的问题(有时候甚至求助于医药)。当然,我并不是说所有父亲都喜欢分析,都具有务实精神,或者在这方面都比妻子强,但一般而言,母亲和父亲的作用是互补的:父亲立刻起身寻求解决方案,母亲则渴望理解和同情孩子。你的女儿需要你发出理性和务实的声音。

为什么女儿需要你的实用主义

我的一个女性朋友曾经打趣道,世界上有两种类型的女人:公主和开拓者。公主们相信,她们值得过更好的生活,并且指望别人为她们服务。开拓者则期望通过自己的辛勤劳动改善自己的生活;她们是自己幸福的主宰。在我们大多数人看来，公主是被宠坏了——但是，当我们教导女儿，她们值得拥有"生活提供的所有最好的东西"时，就是在把她们培养成公主。而公主们常常是不高兴的，因为她们可能得不到生活提供的最好的东西。公主们受到的教育是要以自我为中心，她们的生活都围绕着自己的需求和欲望转动，她们希望其他人——父母、老师、朋友，最终是配偶——专注于满足这些需求和欲望。公主经常使用代词"我"，以至于她们的生活圈子变得很狭窄。而她们也不可能找到生活所提供的最好的东西，因为总有更好的是她们得不到的。听到邻居的孩子总是喊着"我要"，我们会跟着抱怨，但当一个二十五岁的专业人士在谈话时总是把话题引向自己的时候，谁会意识到她这是把其他人作为实现自己目的的对象加以操纵？

女孩们思考、感受和分析她们的想法和感觉。而因为很多女孩（也许包括你的女儿）具备了搞清楚她们的感受和想要什么的心理技巧，所以，她们自然也有能力弄明白如何得到自己想要的东西。

这就是爸爸们需要起作用的地方。当你的女儿幻想着自己成为她想要成为的女孩，得到她期盼的东西时，她会从你那里寻求暗示。如果你告诉女儿——甚至是不经意地——其他人的存在是为了满足她的需要和欲望，她长大后会从别人那里索取；如果你告诉她，生命是有限的，不是她所有的需要或欲望都能够或应该得到满足，她就会学会接受现实，不去依靠——或等候——别人来为她这个公主服务。

你的女儿对她自己的态度直接取决于你。她的期盼、她的野心和她对自己能力的评估都来自所相信的、你所说的和你所做的。作为父亲，你要问自己，你希望女儿成为什么样的女人。

任何溺爱着自己四岁女儿的父亲都认为她是自己的公主。我们会好好打扮她，密切关注她，在听到她说"我爱你"的时候，我们的心会融化。甚至在她十四岁或二十四岁的时候，父亲的心里也会为女儿保留一方不容亵渎的角落，在父亲心目中，女儿的需要是第一位的。她的野心成为爸爸的目标。所有这一切都是美好、健康的，然而，你也要小心。

伤害往往来自于纵容女儿的慈爱父亲，因为她已经习惯于心安理得地接受别人在物质和情感方面的给予和照顾。至于你给予的数量和方式则都不重要。我见过很多来自富裕家庭的女孩并没有被惯坏，而很多出身贫穷的女孩却长成苛刻而自私的大人。

关键在于，让女儿明白，礼物、爱和关注固然是美妙的，但是，她并不是世界的中心，获得了这些东西，她应该知道感恩，谦逊地表示感谢。你一定不希望她认为这些都是天经地义的，而且自私地只关心自己。

公主只知道索取，公主想要更多，公主下命令。她们希望完美，缺乏务实精神。她们不采取行动——除了告诉别人她们想要的东西。

而开拓者则生活在现实之中，她们要依靠自己前进。

作为父亲，当你的女儿遇到困难时，你所要做的就是问她这个简单的问题："你能为此做些什么？"而且，在她一生之中，如有必要，你都不妨这样问，这是有好处的。

不可避免的是，你的女儿会遭遇痛苦的折磨。人会死，亲朋好友会得癌症，可能没有人邀请她参加舞会，她可能在十六岁就怀孕，可能出现饮食失调，可能像你一样遇到问题，有些可以解决，有些不能。但是，如果她过的是脚踏实地的健康生活，就会自己决定如何应对问题。公主们当然也会遇到问题，但她们希望别人来解决这些问题。如果公主的成绩不佳，十六岁怀孕，或者被高中开除，她们会归咎于别人，总是别人的错。她们希望别人——通常是那些最亲近的人，尤其是父母——来发挥过度的作用，纠正她们的问题。

不要让你的女儿长大后成为生活的牺牲品。太多的流行文化告诉我们要关爱受害者，所以我们让很多人变得无助、无力和极度贫困。但是你，作为一个父亲，可以加以阻止。你能教导你的女儿，她需要行动，而不是空想。

行动能给予真正的帮助，可以治愈创伤。在分析问题和寻找解决方案方面，父亲们恰好是专家。你的女儿可以采取各种行动，例如交朋友、转

第6章
务实和毅力：你的两大资产

学甚至改变思考方式。行动与意志力相互促进，迸发出能量和动力。行动意味着你的女儿明白，除了自己，任何人都不能决定她的命运。

我见过很多患有饮食失调的年轻女性，如果不努力采取务实的治疗计划，她们是无法恢复正常的。治疗抑郁症、酗酒等症状也同样如此。作为医生，我诊断疾病，制订治疗计划，然后向患者发出指示。尽管方式大同小异，父亲也是治疗女儿的医生。

我来给你讲讲比尔如何帮助卡拉治愈神经性厌食症的故事。卡拉十八岁时，她来找我——自己一个人来的——因为她觉得郁闷、迷茫和头晕。更糟的是，她的手指和脚趾都变成了蓝色，她不知道该怎么办——她患上了一种饮食失调症。她的大脑是如此饥饿，以至于各种想法也变得纠结起来，几乎成了妄想。

我的诊断结论是，她患有严重的神经性厌食症，几乎可以达到住院治疗的标准。她的心跳缓慢，掉头发，血液循环不畅，体温非常低（所以手指和脚趾是蓝色的）。

她的父母——比尔和谢莉尔吓坏了。谢莉尔哭得很伤心，比尔依然淡定。如果卡拉不吃饭，他会威胁她。他请了几天假在家陪她，强迫她吃东西。因为比尔这样对待卡拉，谢莉尔朝他大喊大叫，卡拉和她的妈妈一起指责爸爸，因为他太苛刻了。结果家庭气氛十分紧张和压抑。

探访过几次卡拉之后，我和谢莉尔、比尔谈了谈。大部分时间是比尔在说，因为谢莉尔已经泣不成声，她搞不清楚卡拉为什么要饿死自己，为什么要挨饿，不知道她和比尔到底做了什么导致了卡拉的厌食症。

比尔说，他也不明白，他觉得自己是个破坏者，而且，无论是威胁还是奖励，都无法让卡拉吃东西，他们已经无能为力了。

但比尔仍旧想要解决方案，他并不奢望一下子想出整个计划，只是想走一步看一步。

卡拉去了治疗之家，医生立刻给她制订了非常严格的饮食计划。如果她不遵循计划，他们就会通过插在她鼻子里面的管子给她强行输入营养液，而且一输就是一整夜。人们告诉她神经性厌食症是什么，心理咨询师考察了她的感觉，他们让她谈谈自己是怎么看待父母和朋友的。

卡拉的咨询师总是问她："你今天要怎么反击你头脑里面的怪物？"

治疗神经性厌食症往往需要中止、改变或者替换患者脑中自我贬抑的负面想法，这是一个持续而重复的过程：中断想法，替换它们，然后再中断，找到引发这些想法的原因，再替换它们。对待像神经性厌食症等众多女孩遇到的各种问题，仅仅了解它们是不够的，每个女孩都必须接受挑战，采取行动。她不能坐等别人的帮助，自怨自艾，沉溺在痛苦之中。为了找到出路，她必须做一些事情。

沮丧的妻子可以和务实的丈夫一起克服困难，男人具有这些特质是有原因的，这是父亲应有的计划和目标——采取行动，解决女儿的问题。

教她坚毅

提到阳刚的男子汉，我们（至少是女性）会立刻联想到一个首要品质：钢筋铁骨。有勇气有决心的男人绝对会令女人的心融化。我们钦佩甘愿冒着生命危险帮助正义战胜邪恶的男人，他们拥有分辨善恶的道德智慧。阳刚之气意味着力量，从工作中的男性身上你能观察到这一点。建筑工早出晚归；在伊拉克的士兵冒着生命危险战斗；飞行员需要克服个人恐惧；金融界的男人则经常需要高度紧张和深度的鼓励，驱使自己通过辛苦工作获得成功。

但以上都是在职场，现在不妨想想你的家庭生活。家是你安静休息和获得慰藉的地方——一条亲切友善的家庭宠物犬、你深爱的妻子和女儿——难道你不希望拥有吗？

家庭也需要用工作来建设，因为就像人们需要你在工作中采取行动那样，你的妻子和女儿也需要你在家中采取行动。不只是修理家里的东西，还要成为她们需要你成为的男人。有时候这意味着介入她们的纠纷，并且

第 6 章
务实和毅力：你的两大资产

帮助她们解决困难。

务实精神有助于男人找到解决问题的方法，而毅力让你坚持每天执行解决方案，日复一日，年复一年。这两种品质也将教会你的女儿如何处理问题。

女儿格雷琴进入一年级两个月后，道格发现她上学的积极性减弱了。她不想练习阅读，早晨上学的时候还会哭。他只好去见老师。"她是个可爱的女孩，"老师说，"我不明白你为什么来问，她在课堂上表现得很好。"听到这话，道格吃惊不小。

每当他跟格雷琴谈起学校，她就说自己讨厌上学。她不喜欢她的老师，老师太严格了，她逼着孩子们大声读书，不管他们愿不愿意，而且还不让同学们去厕所，不管他们多么想去。道格觉得，这些都是问题，但是并不严重，不至于让孩子不想上学。他妻子朱莉则担心出现了更大的麻烦。"也许她有些抑郁，也许她有诵读困难症，或者有人在学校羞辱她。"她告诉道格。他们围绕该怎么办争论起来。到底是什么问题？是学校、老师、班上的恶霸，还是她得了多动症或抑郁症？求助于互联网之后，朱莉开始相信，格雷琴是抑郁，她需要帮助，甚至药物治疗。

道格决定做一些调查工作。他每隔几天就会在午餐时间去格雷琴的学校，走过她的教室，听听里面发生了什么。果然，他听到她的老师告诉一个学生"闭嘴"，又朝另一个大喊，让他坐下，不要出声。

他去校长那里投诉。朱莉找到老师，责备她不该这样对待孩子。老师并没有被开除，她的行为依然如故。显然，其他家长也投诉过，却没有作用。朱莉想给格雷琴转学，格雷琴也想走。

但道格告诉朱莉，他想先试试别的办法。给他六周时间，他说。朱莉同意了。道格告诉格雷琴，从现在起，他亲自送她上学，她不用坐校车了。格雷琴很高兴。"在她上学前，我想多陪陪她，"他说。但我觉得他还有更多的打算。

开车送女儿上学的路上，道格对格雷琴说："亲爱的，你的老师非常糟糕，我很遗憾，你一定很难受，很害怕。"

"这太可怕了，爸爸。我不知道你为什么还让我继续下去！妈妈说我可以不去，带我回家吧，我不想上学了。"格雷琴说。

好几天过去了，他们在路上一直进行着这样的谈话。道格以现实主义的姿态，指出人生不可能永远是完美的。是的，那个老师不擅长教一年级，她脾气暴躁，说了她不该说的话，但是，他告诉格雷琴，你可以处理它。"她是个刻薄的女士，"他表示同意，"但你需要想想你能做些什么来改变这一切，让你愿意上学，把她的课变好。"

起初，当他这么说的时候，格雷琴不会回应他。但是，接下来的几周里，他总是温柔地告诉格雷琴，现在是她采取行动、做出改变的时候。终于，她想出了主意："我上课可以少举手，爸爸，可你觉得这样她会生气吗？"

"或者，"她继续说，"妈妈和我可以每天都准备有趣的午餐，也许我可以在上数学课时去资料室！"格雷琴和道格事无巨细地筹划着。能够想出好玩的主意，格雷琴觉得非常开心。

下面是重点。朱莉想要让格雷琴转学，把她从苦难中解救出来，而道格则希望格雷琴知道，她能够克服这一切，让她明白，在艰难的情况下，很多事都是不会改变的。他告诉她，指望她的老师停止大喊大叫或者变温柔是不现实的。但是，她总是可以做些力所能及的事情来改变现状。他希望她——甚至在她才上一年级的时候——就理解那句著名的祈祷文："上帝赐给我宁静去接受我所不能改变的，给我勇气去改变我所能改变的，并给我智慧去分辨这两者的不同。"格雷琴正是这样做的。

她喜欢自己的一年级吗？恐怕不喜欢。然而，她的性格得到了发展。她学会了如何在困难中采取行动，而不是做一个被动的受害者。她的父亲冷酷地告诉她要闭嘴和停止抱怨吗？没有，他倾听了她的意见，他审时度

第 6 章
务实和毅力：你的两大资产

势，认可了她的感受。他告诉她，她感到焦虑是正常的。但他接下来帮她找到了解决方案，他们一起努力，小格蕾琴学会了如何一边忍耐，一边在逆境中茁壮成长。当然，如果格雷琴转学的话，事情会更简单。但道格拿出更多时间和精力，帮助格雷琴培养了她的性格，因为他知道她需要什么。

许多在工作中非常善于行动、思维和推理的男人，下班回家后却筋疲力尽，每天在工作中表现出来的各种技能似乎都蒸发了。毅力促使你在工作中坚持前行，一旦回到家，你却宁愿推脱和逃避问题。爸爸们，在家里面，你们也必须表现出坚毅的品格。和工作一样，家庭生活也需要顽强的参与。所以，请有意识地把工作中的精力分出一些给你的家庭。

我相信，哪怕父亲们分出 20% 的智力、体力和精神用于处理家庭关系，我们的国家也会变得完全不同。我指的并不是让你回家做更多家务，或者帮助学校做劳务。我说的是，作为丈夫和父亲，你要真正参与到家庭之中，例如和女儿聊天，倾听她的话，男人往往很少说话，但他们听得很多。你那善于解决问题的大脑可以帮助女儿分析她告诉你的事情，帮她想出如何克服困难的方法。

没有什么地方比家庭更需要你的阳刚之气和男子汉的毅力。你人生中最大的困难、欢乐和痛苦并不存在于你的工作之中，而存在于你的家庭。你的阳刚之气要么照耀着家人，要么在家庭中变得黯淡，你能够努力营造一个充满爱的家庭，也可以袖手旁观，看着亲情渐行渐远，乃至崩溃。如果你从不参与家庭生活，就无法保持与妻子和女儿保持良好的关系。我知道，你可能不想去做，但是，这正是需要你展现勇气和决心的时候。你必须留下来倾听来自家中女性的抱怨。我们——女儿、母亲和妻子们——需要你留下来，把你的勇敢、以目标为导向的理智和解决方案带给我们。

有些父亲可能会卷入女儿和妻子之间的矛盾冲突。当女性吵架时，情感可能会压倒理智，互相说出伤人的话。站在女儿和妻子之间，你会不知所措。但在这种情况下，父亲往往是完美的仲裁者，他可以帮助大家把感性放在一边，用理性解决问题。我知道做到这点有时比较难，有时候情况也非常复杂。

例如，如果母亲去世了或者离开了家，父亲需要独自抚养女儿，他可能难以搞清楚在日常生活的挑战面前该做什么，该说什么。但更难的是如何克服自己的悲伤，帮助女儿走出阴霾。如果你再婚了，你的人际关系压力可能会加倍。继母和女儿之间的矛盾很常见。虽然每个父亲都能够处理此类情况，我还是想给读者提几条建议。

首先，请记住，在你的新妻子面前，你和你的女儿是同一阵营的。在你女儿眼里，她比你的新妻子更有权利拥有你。如果女儿认为她和你的关系受到了威胁，她会把怒气发泄在继母身上。所以，要非常小心，再婚之前，一定要在女儿有所需要的时候陪伴她。你是你女儿的生命线，而不是你妻子的生命线。当你的女儿成年之后，你的忠诚可以转移给你的妻子。但至少在她二十一岁之前，你女儿的需要应该放在首位。我知道这比较难以做到，但是，如果你能遵循，你的生活会更简单，更容易，你可以拥有一个幸福的女儿和新的良好婚姻。

第二，不要阻止女儿伤心。有时候男人非常务实，甚至忘记了如何去感受，也忘记了其他人需要克服消极的情绪。对女儿来说，因母亲的离开而悲伤是一个非常健康和重要的情感过程，所以，在她母亲才离开几个月的时候，只是简单地告诉你十四岁的女儿振作起来是非常残酷的——而且不会有帮助。实际上，这会让你的女儿疏远你，变得愤怒和更加痛苦。女孩们遇到的最大问题之一是如何在母亲离开后处理好自己的情感和生活，特别是父亲后来又爱上了另外一个女人，她该怎么办。对于自己的损失，你的女儿感到愤怒是很自然的，诘问上帝为什么允许这样的事情发生也在情理之中。她可能会愤怒一段时间，对任何人和事都看不顺眼，这是完全健康和正常的。这个时期一旦过去，她就会开始控制内心深处的悲伤。她

第6章
务实和毅力：你的两大资产

会哭，也许还会消沉一段时间。当愤怒和悲伤一起出现时，她会感到纠结。最后，她会表示接受，承认生活就是这样的。如果你在这些过程中一直帮助她，她会感到希望出现，会开始有能力期待新的生活。

然而，当你的新妻子或者女友出现之后，你的女儿的悲伤过程常常会被打断，这对她们来说可能是无法忍受的——女儿会觉得你背叛了她。而且，说实话，有些女孩根本无法应付生活中出现的新女人，至少，假如没有一定的时间去适应，或者得到你的保证——她仍然在你心目中是最重要的——的话，是不行的。如果你想再婚，重新获得理想的家庭生活，你就必须给你女儿时间来度过她的忧伤期。否则，你的女儿可能永远不会与你的新妻子和睦相处。

第三，请记住，她是个孩子，而你的新妻子是成年人。所以，要更多地要求妻子，而不是女儿。你的新妻子应该有能力处理你的要求（如果她做不到，请在再婚之前就确认这一点，因为这是个警告信号）。女孩嫉妒继母是很常见的，她们甚至讨厌她拥有的一切，这是一种强烈的非理性的厌恶。你的新妻子可能在不经意间培养出这样的感受。

有的继母不希望家中留下任何上一任妻子的影子，她们想成为家庭的中心，不希望与你第一任妻子相比。她们觉得受到了威胁，心中不安。所以，我的意见是，不仅为了你的女儿，而且为了你：如果你的女友不愿意谈论和接受你的第一任妻子，不愿承认她是你女儿的母亲，你应该结束这段关系。如果你不这样做，你的家庭就有分裂的危险。

很多男人因为受到悲伤情绪的困扰，会去选择一些自己平时不会考虑的女性。所以，请给自己时间来伤心和调整，然后再考虑新的恋情。这对于你潜在的新妻子和你、你的女儿来说同等重要。

特蕾莎是个独生女，深受父母宠爱。特蕾莎上二年级时，她的母亲被诊断出患有一种极为恶性的乳腺癌，虽然进行了化疗、手术和放疗，她的

病情还是在迅速恶化。不到一年，特蕾莎的母亲就去世了。那时特蕾莎才九岁，她沉默地出席了母亲的葬礼，面色苍白，身体僵硬。她父亲布拉德非常难过，以至于要寻求朋友和心理医师的帮助。他也给特蕾莎请了一位心理咨询师。特蕾莎参加了六个月的心理治疗，似乎并没有改观。咨询师告诉他，特蕾莎的反应非常漠然，所以布拉德是在浪费金钱。

特蕾莎每天去上学，然后回家，走进自己的房间，关上门，趴在她粉红色的床罩上一哭就是好几个小时。她很少和父亲说话，也从不提起母亲，她甚至把母亲的照片收了起来，这让布拉德很伤心。

妻子去世不到一年，布拉德开始和另一个女人约会。由于特蕾莎很少和他说话，所以布拉德很希望有人陪伴，这个叫海伦的女人是他在妻子去世后才认识的。她行事干练，善解人意，让布拉德有一种生活重归正轨的感觉。每当海伦到他家去，特蕾莎就瞪着她，一言不发。约会了短短三个月后，两人结了婚，海伦搬了进来。布拉德和海伦都相信，一旦他们结了婚，特蕾莎习惯了海伦的存在，就会过来说话。她会很高兴，因为海伦可以在家照顾她。

特蕾莎在小学、初中和高中开始的时候表现得相当不错。她似乎没有真正快乐过，但至少可以与海伦和父亲交流。另外，她说，她的父亲要求她对海伦有礼貌。他告诉她，这就是现在的生活，她不得不接受。他会把他的要求告诉女儿，作为父亲，他也表示，如果自己高兴，他将尽可能地帮助女儿。

然而，海伦陷入了矛盾之中。她自己有两个孩子，他们已经长大成人，她每天都给他们打电话。海伦长得不像特蕾莎的母亲那样漂亮，而且，她不愿与布拉德谈论他的第一任妻子，甚至连特蕾莎提到她母亲的时候，海伦都会提醒她，说人已经不在了，而她现在是家里的女主人。她希望得到尊重，并且希望特蕾莎明白，她们应该分享布拉德，这是为了大家好。海伦的性情急躁，特蕾莎十几岁时，她就开始朝她发脾气，骂她。特蕾莎开始恨她的继母。她告诉父亲，海伦会背着他骂她。布拉德试图告诉海伦，她需要和特蕾莎和睦相处，但海伦反而痛斥布拉德有这样一个无礼的女儿。他们的家成了一片情感雷区。最终，上高一的时候，特蕾莎离家出走。她恨继母，发誓只要海伦在那里，她就永远不回家。

而布拉德凭借决心、务实和耐心来处理这一棘手的情况。首先，他承认，虽然特蕾莎看上去像个成年女子，开着车，能支付账单，但在某些方面还是个爱哭的高中生，她会思念母亲，她从未走出悲伤的阴影。布拉德意识到，比起自己给她的，特蕾莎需要更多时间。所以，他开始抽出更多时间陪她，虽然她不愿回家，住在朋友那里，他们还是一起出去喝咖啡，甚至出门过周末。他把自己还给了特蕾莎。海伦会和他闹，她表示，无论布拉德和特蕾莎什么时候出去，她都要跟着，因为特蕾莎需要接受她。

布拉德没有抛弃他的妻子，但他礼貌地坚持说，他要单独和特蕾莎在一起。海伦气坏了，但布拉德告诉她，事情就应该这样。海伦不得不接受，因为她是成年人，而特蕾莎还是个孩子。很多没有安全感的第二任妻子会拒绝让丈夫与他前一次婚姻的子女单独在一起。父亲们，请不要允许这种事发生，你必须坚强，像布拉德那样，因为你的孩子真的需要时间与你单独相处。

慢慢地，特蕾莎与父亲的关系越来越好。有趣的是，他说，女儿与自己越亲近，她看起来就越烦躁。她之前从来没有这样过，他有些困惑。他的心理医师告诉他，这是个好兆头。特蕾莎越喜欢和他在一起，就越愿意与她分享自己的喜怒哀乐。她觉得在感情上与他更亲近了，更有安全感，也不再害怕如果自己敞开心扉，他就会抛弃她（因为她母亲的死让她觉得自己被遗弃了）。两年的时间里，他们一直在谈论她的母亲，他们一起哭，一起争论，回忆他们三个人曾经一起做过的事。在这个过程中，布拉德注意到，特蕾莎的成绩有了进步。她终于愿意回家吃晚饭了。离高中毕业还有三个月的时候，她搬回家里。她与海伦的关系从来没有改善，但她认为这无所谓。她觉得自己的爸爸回来了。他甚至因为自己过早再婚而向特蕾莎道歉。他告诉她，当时自己过于悲伤，所以无法理智地考虑问题。特蕾

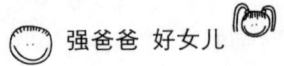

莎原谅了他。

布拉德的做法是正确的。他犯过很多错误吗？当然。他犯的错误不计其数，然而，这并不真的要紧，因为他在大事上做对了。现在，他和特蕾莎、海伦的关系都非常好。这个结果来之不易，那么，他都做对了哪些事呢？

他和女儿和好了，他积极行动，而不是坐在一旁，眼看着女儿越来越消沉。他把自己还给了特蕾莎。他想明白了特蕾莎需要什么，并且为了她做到了这些事。他让自己从特蕾莎的角度看待问题。她是个憎恨世界上的一切的坏孩子吗？他回答，看上去似乎是这样的。但他知道，在内心深处，女儿并不是这样的，她只是个一再被边缘化的非常可怜的小女孩。

我见到过海伦和特蕾莎互相怒视并且不说话的样子，她们的情绪是如此强烈，以至于时常妨碍她们进行理智的思考。而另一方面，同时爱着这两个女人的布拉德，似乎能够俯瞰全局。他的优势在于扪心自问："现在，今天，我可以做些什么？接下来我该怎么做才能打圆场？"他从妻子和女儿身边各退一步，制订了一个可行的计划（在一位优秀的心理医生的帮助下），然后，日复一日，虽然经历了无数次争吵，他坚持住了。他是务实的，充满决心，而且用男子汉的坚毅来追求自己的目标。他做正确的事情，不仅是为了自己，也是为了他所爱的两个女人。而且，因为他处理好了一个可怕的局面，每个人都是赢家。他首先拯救了自己和女儿的关系，接着拯救了他和妻子的关系。

维持家庭团结

在父女、夫妻和母女关系方面，我观察了二十多年，也治疗过有关的病人，见多了各种身心方面的症状。我有时也会给他们抗抑郁药，有时甚至不得不要求人们离开我的办公室。上世纪八十年代初，当我从医学院毕业时，我发誓要一直致力于确保我的病人的健康。

第 6 章
务实和毅力：你的两大资产

医学已经取得了巨大的进步，让我得以十分清楚地看到病人身体里的情况，就像看教科书上的插图一样。我可以开出药物，让孩子们平静下来，治愈某些癌症，延长感染 HIV 的孩子的生命。

然而，在我的医药箱里，却没有任何一种药可以保证我的病人能活出成功的人生。我通常可以保证他们健康快乐地活到成年，而成年之后，很多人就一塌糊涂：那些被冷漠无情的男友伤害的女孩，变得无法再相信男人——或者不敢太相信他们。许多年轻人吓得不敢结婚，因为父母的婚姻给他们留下了深刻的创伤。

父亲们，你们可以有所不同——做到这一点，可以先从维护家庭团结开始。不快乐和绝望的最常见原因、最容易压垮孩子精神的事情，就是离婚。离婚是造成整整一代成年人面临混乱的婚姻关系、性传播疾病、人生目的不明等风险的核心问题。而那些能够挽救离婚恶劣影响的父亲们完全可以让生活出现新的转机。

然而，假如为时已晚，假设你已经离婚了，如果是这样，请继续往前走，拿出你所有的决心和毅力，重塑和完善你与女儿的关系。如果你没有为了她的生活挺身而出过，现在是时候了。

不妨设想一下：如果你失业了，你会放弃工作吗？当然不会，你负担不起。如果你也负担不起失去女儿的风险，如果你和女儿的关系破裂了，一定要追回来。你可以做到这一点。男子汉会拥抱困难，将它作为一个普通的问题加以解决。我知道，很多男人已经对与女性搞好关系不抱幻想，因为女人会让他们变糊涂。这样的情况我见过多次。然而，这正是为什么男人——生活中的务实主义者——必须站出来处理那些复杂的关系，将生活简化的原因。正因为谨慎，所以需要耐心等待，还需要你拿出男子汉的力量、自我控制和坚毅。争吵迟早会自己停止。怒火也会燃尽。心会破裂，然后自我痊愈。人也会变成熟。如果你是女儿可以紧紧依靠的岩石，她就能克服成长中的每一个挑战。

❖ ❖ ❖

亚历克斯和玛丽有三个女儿。玛丽每次生完小孩都会经历严重的产后抑郁症。亚历克斯承认,他没有处理好玛丽的抑郁症,所以每次都担心她可能不会痊愈。她会在床上躺好几天,又哭又闹,无法走出她的房间。他只好雇人帮助她。他也会请假。他竭尽所能要把家庭维持下去。他们都在尽力。实际上,他们的女儿进入高中时,他们的关系再次得到了巩固。自第三次妊娠以来,玛丽再也没有陷入更严重的抑郁状态。

当他们的女儿艾达十五岁时,亚历克斯注意到,她开始穿颜色较深的衣服。艾达是他们的小女儿,其他两个女儿是十七岁的艾丽和二十岁的阿丽莎。艾达在学校里经常换朋友。她上的是招收有音乐才华的学生的艺术学校,她是个出色的长笛演奏手。但她此时却开始不理她的朋友们,而是与一个从高中辍学的十七岁男孩约会。这个男孩有时候做点搬运的工作。

亚历克斯大感惊愕。在六个月的时间里,艾达从一个音乐会演奏水平的长笛手、喜欢在家里和父母一起度过夜晚的女孩,变成一个拒绝吹长笛、不愿学习也不愿待在家里的孩子。于是,亚历克斯缩减了工作时间,更多地与艾达在一起。他偶尔接她放学,带她去吃午餐、看电影,晚上确保她在家(看她是否躺在床上睡觉)。有一次,他还带她去芝加哥过周末。

做到这些对他来说并不难,他说,因为他真的爱艾达。他为她感到遗憾。从那时开始,他们的关系变得很好(虽然不是非常密切)。亚历克斯和玛丽觉得内疚,因为他们似乎在某种程度上对不起女儿。玛丽担心她的产后抑郁症影响了艾达的情绪。

当艾达十六岁半的时候,有一天她竟然离家出走了。亚历克斯极为震惊,他雇用了一名私家侦探寻找她。艾达偷了父母的钱,登上一辆公共汽车,然后乘上火车,准备到圣地亚哥去,那里离她在中西部的家很远。

亚历克斯前往圣地亚哥,他要带艾达回家。他发现她在一个加油站的便利店里当收银员。开始的时候,他只是在旁边看着她和顾客打交道。突

第6章
务实和毅力：你的两大资产

然，两个人的目光交汇。一直等到艾达休息的时候，他们才来到店外。留着炭黑色长发的艾达朝她父亲尖叫，她拒绝回家。她找到了一个"朋友"，与他合租一套公寓。（亚历克斯后来发现，所谓的朋友是一个三十岁的离异男人。）亚历克斯劝说了她三天，而且哭着求她回家，艾达拒绝了。"如果你强迫我回家，"她说，"我就再次跑掉。"

亚历克斯一个人回到了家。他的心都破碎了。他觉得自己做父亲太失败了，但他不知道是怎么失败的，他不明白为什么艾达这么恨他和她母亲。她只是说她想要离开。一年后——这一年来，他们和女儿没有任何通信或电话——亚历克斯又去了圣地亚哥。他发现艾达找了份洗车的兼职，她看上去似乎生病了，精神恍惚。亚历克斯又求了她三天，连哄带骗，哭着求她回家。她仍然不肯让步。尽管她已经被室友从公寓里踢了出来（至于原因，她不愿意讲），她还是拒绝回家和亚历克斯、玛丽在一起。

又是一年过去了。艾达十八岁生日那天，亚历克斯——他感觉自己的心从胸膛里被撕扯出来——回到圣地亚哥。这一次，他发现艾达流落街头，他勉强认出了她，以为她可能成了娼妓，但她不承认。他相信她，但他觉得艾达一定是在吸毒贩毒。又过了三天，艾达还是不愿意跟他走。他给了她一些新衣服，然后回了家。

这种模式一直持续到艾达二十岁出头，亚历克斯给她写信，但从来没有寄出去，因为她没有地址。他开了个银行账户，为她存钱。他没有告诉任何人这件事，怕他们会认为他是个傻瓜。

但是，他爱她，他不会停下来。艾达把他的心切成了几千块，但他决心要爱她。他无法改变她，但他爱她。

有一年，十月的一天，在出席当地一家银行的董事会时，亚历克斯的手机响了起来。"爸爸？"是艾达的声音。亚历克斯说不出话来，他的脑袋变得很热。

"爸爸，你在吗？你说话啊。"她开始抽泣。

"艾达，你在哪里？"他终于哽咽了。

"我在大急流城的火车站，爸爸。"她哭了起来，再也无法说话。

"在那里不要走。艾达，不要走。求你了。"他恳求道。

亚历克斯向大家说了声抱歉，就开车冲上了高速公路，他要过去见艾达。当他见到她时，发现她非常憔悴，剃了光头，他跑过去抓住她，把她紧紧抱在怀里。她抽泣的时候，他能感觉到她的身体在颤抖。他把她送到自己车上，开车回家。他们静静地坐着，没有说话。但慢慢地，事情开始变得好起来。

艾达在家里住了下来，她在当地加油站找到了工作。二十三岁的时候，她完成了高中学业，开始修读当地大学的一些课程，她甚至又开始吹起了长笛。

起初，亚历克斯告诉我，他松了一口气，觉得很高兴。然后，他说，发生了可怕的事情。艾达变得越健康，他越不喜欢她，他甚至还做起了和她大打出手的噩梦。当他发现艾达和玛丽争吵时，甚至想掐她喉咙。

他很困惑，只好全身心地投入工作，试图逃避。他从来没有表现出自己对玛丽或艾达的愤怒，而是把它留在心里，忧虑啃噬着他。有时候，他说，他的愤怒是如此激烈，他担心他可能会伤害别人。

但他没有这样做。亚历克斯保持着冷静，即使每天都是挣扎着勉强下床，去上班，维持正常的生活。他说，最艰难的时刻就是在家的时候。他能看到艾达，这令他几乎无法忍受。有时候她情绪很好，有时却失去控制，她从没有说过对不起，她将自己的行为归咎于毒品。她说，她在高中时就开始吸毒，毒品把她变成了另一个人。

艾达变得成熟之后，搬出了父母家，最后结了婚。她没有从大学毕业，但音乐技能使她在乐队里找到了工作，并且如鱼得水。

作为一个已婚的年轻成人，艾达现在住在距离父母家几小时路程的地方。她每周都用手机给亚历克斯打电话，她也和妈妈说话——但不像和亚历克斯说话那样。她会征求亚历克斯的意见，告诉他她爱他，请他前来拜访，如果他不能去，她还会感到失望。没人知道艾达为什么做出这些事，

第 6 章
务实和毅力：你的两大资产

它们只是发生了而已。但是，可以确定，是亚历克斯的坚韧和毅力把她带了回来——虽然他要忍气吞声——直到她的生活回归正轨。亚历克斯和玛丽仍然是一对儿，经过多年的试练，他们幸福如故。

亚历克斯的做法，让我想起丁尼生的《尤利西斯》里面的五行诗句：

虽然我们的力量已不如当初，
已远非昔日移天动地的雄姿，
但我们仍是我们，英雄的心
尽管被时间消磨，被命运削弱，
奋斗、探索、寻求，而不屈服。

在拯救艾达和亚历克斯的婚姻方面，医药、心理学、信念和朋友是否对他有所帮助？是的，它们都提供了一部分的帮助。但归根结底来说，亚历克斯之所以恢复了家庭的完整，是因为他拒绝放弃他的女儿。他确定了如何帮助她，然后就坚决地执行计划，因为那正是一个坚强父亲的作为。

Chapter 7

Be the Man You Want Her to Marry

第 7 章
成为你想让她嫁给的那个男人

不要将你的女儿置于这种痛苦之中,让她看到真相——生活中最重要的是我们和亲近的人的关系。这些关系是获得深层次喜悦和满足的唯一途径。

第 7 章
成为你想让她嫁给的那个男人

请做好准备。有一天,你和女儿会站在某个教堂、会堂或者花园里,她会挎着你的胳膊,你们一起穿过过道,经过成排的观众,走向一个非常紧张的年轻人。

搭在你胳膊上的女儿的手臂在发抖。

你对她小声说:"现在后悔还不晚,你知道。"

"我知道,爸爸。我没事。"

你忍气吞声地纳闷,怎么我家的小姑娘这么急着结婚?

你还有一个清醒的认识:过道那头的那个男人,毫无疑问是你的映像——无论是好的映像还是坏的映像。就是这样的:女人会被吸引到她熟悉的人面前。

这样的前景可能会吓到你。如果你和女儿关系不好,如果你们互相疏远,经常争吵,或者一直处于误解之中,你也许会非常担心。不过,请继续读下去。因为,从一个女儿的角度,改善你俩的关系,打破可怕的循环,使未来变好永远都不晚。

镜头回到那个穿燕尾服的年轻人。如果你能够想象他的个性,他会是什么样的人?你会希望他完全忠实于你的女儿,希望他能吃苦、富有同情心、诚实、勇敢。你想让他保护你的女儿,他一定要是个正直的人。

在你女儿结婚前，你需要先成为那个人。你得问自己：我在生活的各个方面都表现得像一个父亲吗？我诚实吗？我为了她和我的家人努力工作吗？我是在爱和保护着我的妻子和女儿吗？这些都是非常难以回答的问题，但是，如果你想给你女儿一个健康的婚姻，就需要从这里开始。健康的婚姻是建立在尊重的基础上的，你也希望获得女儿的尊重，如果你是个好父亲，你会教她期待来自未来的丈夫的尊重。选择配偶是最重要的人生决定之一，因为选择职业不会生出孩子，或者让人来照顾你——这是配偶的责任。你需要教导女儿关于男人的事情。

看、做、教

请允许我告诉你一个有关医生的可怕秘密。虽然我们在做住院医师的时候，接受的是成为专家的训练，我们的工作时间还是很长，一周中需要在医院工作八十到九十个小时，甚至更多。在压力之下，我们学会了迅速完成既定的步骤。

我们学到的是："看着一样，做着一样，教着一样。"这个原则适用于例行检查、腰椎穿刺、给昏迷病人插管等等。一旦我们看到了如何进行某个流程的展示，我们就要做到，并且教导接受培训的医师做到。

为了让你的女儿知道什么是好男人，她必须亲自认识一位。她必须在你身上亲眼看到好男人是什么样子的。这是什么意思呢？这意味着你需要成为一个诚实正直的人——能够赢得信任和尊重的人，一个领导者。这也意味着你需要活得诚实，为你的家庭而努力，你必须愿意为他们牺牲。

诚实不仅仅是说真话，还意味着不保守秘密。秘密会令人疏远，而且，当你遮遮掩掩的时候，掩盖的通常不是什么好事，一般是令你不好意思和羞愧的事。遮掩真是一个弱点。

信不信由你，孩子们之中的欺骗现象数量急剧上升。根据一项秘密调查，76%的公立高中学生（调查了61所学校的18000名学生）承认，他们在考试中作过弊。[1] 据托马斯·里克纳博士和马修·达维德森博士研究，在过去的几十年中，那些"聪明而优秀的高中"里，作弊率稳步增长。例如，1969 年，34% 的学生承认在考试中打小抄；1989 年，这个数字变成68%。一个学生写道，学生们不得不作弊，因为如果不作弊，他们就会失去那些作弊的孩子的友谊。但是，借口并不重要，重要的是孩子们的诚信已经遭到了侵蚀。

诚实是正直的核心，而我们在教育年轻人诚实方面做得很差劲。在工作中，我见到过实例，尤其是那些吸毒的孩子，是不诚实的典范。这是一个过程。他们先是对父母保密，说假话，偷窥色情作品（特别是借助互联网），喝酒（可能来自父亲的酒柜），然后与朋友尝试抽大麻——"只是为了看看是什么感觉"。大麻是一种"入门毒品"，会导致人们接触更可怕的毒品，包括可卡因或冰毒。在这里，我不需要多说，家长们已经知道毒品可以对孩子造成什么危害了。

大家都知道，一个错误的决定可能会引发另一个错误的决定，没有纠正的小问题会导致大问题。我们成年人都明白这个道理。然而，太多的父母被所谓的政治正确和道德相对主义吓倒，变得思维混乱，以至于无法给孩子讲明是非对错。所以，更多的孩子选择说谎和欺骗，因为这样做很容易，而且似乎——从表面上看——会让他们更成功。

不要让这些发生在你的家里。在它发生之前就加以阻止。如果已经发生了，请面对它，执行计划，扭转这一局面。

面对秘密和不诚实的时候，你必须成为诚实坦率的典范，你需要成为家庭的领导者。你的妻子和女儿需要一个强者，而不是弱者。而强者都知道，没有什么好事是来自秘密的，与妻子和女儿疏远更不是什么好现象，屈服于来自说谎的诱惑、酗酒或者观看色情作品也都是不对的。

我知道你也会整天受到各种有关性的信息的铺天盖地的轰炸。我有一个丈夫和一个儿子，我明白他们面对的诱惑。性欲化的广告已经对女孩子和妇女造成了巨大的伤害，但它们对男性的伤害还应该再乘以三。性意象会以对大多数女性无效的方式抓住你的注意力,这并不是说女性对性不感兴趣,而是因为男性和女性所接受的视觉刺激是非常不同的。

每一天你都在接受诱惑。在你办公室的笔记本电脑或者你旅馆房间的电视屏幕上,各种类型的女人都在引诱你,问题在于,你可能觉得私下观看这些东西无伤大雅,然而,通过做这种事而建立起来的行为模式可能是毁灭性的。色情会击碎你的阳刚之气,尽管表面上看它是在增强你的男人味。色情作品反复对你说谎,将你拉入更深的自我隔离和软弱之中。

是否坚强,是否认识到你的家人需要你回头,这些都取决于你。你的女儿、儿子和妻子需要你过没有秘密的生活——无论是关乎色情还是其他事情的秘密都不能有。真相具有医治的能力,它是诚实正直的核心。

二十六岁的安珀给我讲了她父亲的故事,这个故事充分佐证了以上观点。安珀十五岁时,有一次,她在半夜的时候被父母的叫嚷吵醒。"我妈妈和爸爸很少吵架,"她告诉我,"我不明白他们在吵什么。但我妈妈比我爸爸还生气。显然,她发现了他在做什么事情。她在哭,十分愤怒。"

"我妈妈已经因为淋巴瘤病了一年,化疗和放疗使她变得很虚弱。我很心疼她,我们都很努力地帮助她。我妹妹和我做饭,她下午打盹的时候,我们都保持安静。"

"我爸爸也很了不起。他尽力了,但他的工作很忙。而且,"她哭了起来,"他很难接受我妈妈的病,他非常爱她,我觉得他很害怕她死。"

安珀的情绪很激动,她继续说下去,声音越来越大,语速也变快了。

"反正,那天晚上他们吵了起来,我下了床,走到楼下。她一定是发现了我爸爸在看电脑,并且为此吓了一跳。我猜他在看什么东西,或者给谁写邮件,我不确定。我不是很想知道——那是我爸爸。"

安珀平静了一点,语气柔和下来。"在接下来的几个月里,他们哭得很伤心,而且时常争吵。他们没有告诉我或者妹妹到底发生了什么,但最后,有一天,爸爸和我们大家一起坐下来,做了一件我永远不会忘记的事。妹妹和我坐在沙发上,面对着爸爸妈妈——妈妈因为放化疗,头已经

第 7 章
成为你想让她嫁给的那个男人

秃了，都是爸爸在说话。"

"'姑娘们，'他说，'你们知道，妈妈和我一直有一些问题。'当他说这些的时候，我觉得自己快要吐了。我敢肯定他要告诉我们，他们准备离婚了。"

"他似乎难以开口，我们等待着，我变得极其紧张。最后，他说：'我就是问题所在。我没有处理好妈妈的病。我真的很对不起你们，我不指望你们能够理解，妈妈和我也不打算给你们解释细节，因为这是她和我之间的事。无论如何，我犯了一些可怕的错误。我准备把电脑从我们家搬走，既然我们都用这个电脑，所以，你们得告诉朋友们，不能给你们发邮件或者即时消息了。'然后，他看着我们，显然担心着我们会怎么说。"

"'就这样？'我问他，'你和妈妈不会离婚吗？'"

"'不，安珀，不离婚。妈妈需要我们：需要你、你妹妹，还有我。虽然现在很艰难，但我们必须尽最大努力在一起。我知道对你们来说这有多难。'"

"就是这样，"安珀说，似乎还在为父亲当时的话感到惊奇。"他坐在那里，悲伤而平静。大家面面相觑，过了一会儿，我和妹妹回到我们的房间，完全不知道发生了什么事，但欣慰的是，他们并没有离婚。"

"我很希望说，这件事之后，一切都还不错。当时也确实是这样的，然而，第二年的时候，我的父母真陷入到纠结之中。妈妈的病情好转，他们开始谈论更多的问题。"

"偷听他们的谈话后，妹妹和我有些明白了。显然，我爸爸在网上认识了一个女人，他们的关系并没有持续很长时间，我也不知道他是否和她见过面。我想，我知道这一切是什么时候开始的。无论如何，我相信事情是环环相扣的，他好像还卷入了别的事。"

显然，安珀不好意思说出"色情"这个词，因为没有人愿意把自己的爸爸和性联系起来。

"但是，事情还有不错的一面，"她说，"那天以后，我听到爸妈说，以后不要互相隐瞒秘密。据我观察，他们之间再也没有秘密。电脑被我们藏在箱子里。过去的几年里，他们又变得快乐了。"

谈话结束时，安珀对父母的自豪之情溢于言表，她尤其为父亲感到骄傲。她没有为他找借口开脱，她意识到互联网的电子虚拟世界在他悲伤软弱之际诱惑了他。他试图把这种不真实的生活当做秘密，因为他知道这是不对的。在保守秘密的过程中，他的家庭几近崩溃。

"但是，"安珀说，"他做到了。他意识到保密是没用的，于是就承认了，正是那个时候，我爸爸开始让事情有了转机。你无法相信那种感觉有多好。"安珀还没有结婚，但她有个准备谈婚论嫁的男友。你觉得她会期待他有怎样的品质？她会放任对方隐瞒秘密——还是愿意他摆脱遮遮掩掩的生活，与她坦诚相见，就像她父亲所做的那样？因为安珀的父亲有勇气面对自己不诚实的生活，有勇气改变它，她也会期待自己的丈夫有这样的勇气。安珀的父亲不仅改变了他自己的人生，而且改变了女儿的人生，让他们的关系更近。她父亲也许从来没有意识到，他坐在沙发上宣布的那个决定对安珀的未来和她未来的幸福产生了巨大的影响。

互联网可以是你的朋友，因为它能让你在家工作，甚至在家度假。但是，它也可能是你最大的噩梦。请敬畏地对待它。色情是如此令男人和男孩上瘾，它像毒蛇那样蜿蜒进入你的生活，没有任何预警。它比酒精更容易让人上瘾，比毒品更容易获得，它们都是毁掉丈夫、妻子和孩子的利器。里克纳博士写道："色情瓦解你的道德感，你甚至不会注意到。"正直的人会注意到每件事，特别是那些威胁他们和他们身边的人福祉的东西。如果你告诉子女，每个男人和男孩都应该向色情宣战，向他们展示色情带来的问题可以被处理和避免，你就会带给他们无与伦比的力量来对抗生活中的困难。而且我敢保证，在你获得提高的同时，你的女儿也会以同样高的标准要求她未来的配偶。

每一个父亲都希望自己的女婿不对自己的女儿隐藏秘密，希望他们的关系建立在诚实可靠的基础上。任何秘密都是伤人的。所以，请和你的妻

第 7 章
成为你想让她嫁给的那个男人

子谈谈这些事,和她制订一个协议,承诺你们之间没有秘密,并且一定要真的做到。然后,请观察一下,看看你的女儿有什么变化。如果你过的是一个没有隐瞒的生活,她很可能也会这样。如果你不希望她对你有所隐瞒,她就很可能坦诚地告诉你她有没有酗酒等危险的行为。然而,如果她发现你(或她妈妈)保守着重要的秘密——孩子们几乎总能发现这一点——她很可能也就会对你们有所隐瞒。

如果你不得不做出"没有秘密"的承诺,一定要做到。要成为榜样。要面对自己的弱点,设法避免诱惑。如果你的弱点是酒精,请放弃与朋友喝酒,并花更多的时间与你的家人在一起。如果你的弱点是女人,设置规则来保护自己。葛培理牧师(作为我们这个时代的精神巨人,他也未能免俗)认为自己会对其他女人动心,于是在出差时总会与一个男性朋友同行,这样,当他和女人打交道时,就不会只有他们两个人。他的做法也许对你并不管用。管用的做法你自己能决定。你的女儿对你来说价值几何?如果你隐瞒秘密,她的丈夫也会。你需要把家庭放在第一位,这意味着你的职业也应处于次要地位。

关于说谎问题,你要给女儿阐释讲真话的重要性,让她要求别人讲真话,帮助她判断别人是否讲真话。(她会有很多机会在学校里练习。)告诉她,如果你和她之间存在谎言,那么你们的关系就没有意义。为什么呢?因为即使你或者她"只是偶尔说个小谎",你们之间的信任也已经被打破了。让女儿知道,你希望你们的关系建立在信任之上,只有这样你们才能更亲近。

你还需要认真审视你自己的思想、言语和行为。虽然很难,但你必须做到。你的女儿会一直看着你,而且,如果你说了谎,她可能不清楚细节,但是她能够感觉到不对劲,女孩们就是这样的。我丈夫和我与另外一对夫妇是多年的朋友,就叫他们鲍勃和希拉里吧,他们经常到我家来,和我们一起过周末什么的。他们是很有趣的人,我们在一起很开心。他们的婚姻看上去很幸福。一天,我丈夫接到鲍勃打来的电话,鲍勃怒气冲天,非常难过。因为在和妻子结婚二十二年后，他发现，妻子五年前竟然有了严重外遇。我们被震惊了。遗憾的是，我和丈夫在厨房里谈论了一整晚这件事，结果我们的两个女儿（一个十一岁，一个十二岁）偷听了我们的谈话。最后她们也参与进来，我们不得不非常坦诚地告诉她们发生了什么。我永远不会忘记大女儿说了什么："妈妈，爸爸，我一点都不觉得吃惊，希拉里阿姨总让我觉得不对劲。她有点吓人。"

她很从容地加入谈话，又很自然地退出。她一直都"知道"点什么。不要认为你能瞒住秘密，年龄较大的孩子有办法知道，或者他们能自己想办法弄明白。

好男人很难找

正直的男人会保持诚实。然而，在今天的道德氛围中，想找到一个诚实的人实属不易。统计结果表明，76%的公立高中学生在考试中作弊。如果你的女儿读的是公立学校，她约会的男孩很有可能作弊和说谎。（这种可能性很大，高于40%，他很可能向你隐瞒他有性活动这件事。）你可能会说，如果他只是考试作弊的话，还不是那么糟糕，她又不一定嫁给他。也许吧。但是，她已经开始建立了与男人约会和沟通的模式，如果她不计较男友撒谎，那么就不得不放低你原来为其确定的择偶标准。

六年前，我以前的病人艾丽西亚去了西海岸的一个非常有声望的大学。她以优异成绩毕业，追随她父亲的脚步，在新英格兰的一家营销公司找到了一份很好的工作。她在那里认识了一个男人杰克，比她大五岁，她疯狂地与他相爱。他们约会了六个月，她希望带他去见她父亲，所以，她和杰克回家度周末。当他们来到她的家，虽然她父亲和杰克聊得很热烈，但是并没有像艾丽西亚期望的那么投机。第三天，杰克宣布他不得不提前离开，因为家里面有点事，所以他先走了。几天后，他和艾丽西亚又在新英格兰见了面。

在这以后，他们决定搬到一起住。他想退掉自己租住的公寓，艾丽西亚得知后很高兴，因为她很想早点结婚。所以，杰克搬到她的公寓。接下来的三个月，生活很是幸福安稳。他做着律师或助理律师的工作，她说，其实她也搞不清是前者还是后者。显然，他上过法学院，但没有通过律师资格考试，并打算在未来重试。在此期间，他在律师行工作，还有其他兼职，以便贴补家用。最后，当他向她求婚时，她心花怒放。她打电话回家告诉她的父母，但他们似乎并不开心。她又给最好的朋友打电话，对方的反应也是如此。实际上，得知此事后，她爸爸在周末亲自开车到她的公寓。

"艾丽西亚，"那个周末，她的父亲说，"你不能嫁给杰克，有些东西不对劲。我不信任他。"虽然她的父亲无法说出具体哪里不对，他还是讲出了自己的感受。艾丽西亚变得很沮丧，甚至要求父亲离开她的公寓。毕竟，她说，她已经是个完全成熟的二十五岁女子，如果她不得不在丈夫和父亲之间做出选择，她会选择丈夫。

他们计划举行婚礼，她和父亲的冲突勉强平息下来。父亲还是有礼貌地请求她不要嫁给杰克。然而婚礼在即，她已经给四百名宾客发出了精美的请柬，也拍摄了婚纱照。她也支付了乐队和婚宴的钱。仅仅购买花饰的钱就多达 8500 美元。

婚礼两周前，艾丽西亚接到一个匿名电话，她没有听出是谁的声音。杰克在客厅看电视。打电话的人是个女的，她说，艾丽西亚犯了一个很大的错误，她应该立刻与杰克分手。艾丽西亚说不出话来，那名女子只是说，艾丽西亚并不是"唯一的一个"。艾丽西亚挂了电话，不知如何是好。起初，她以为是父亲让人打的电话，接着她意识到父亲绝对不会让人这么做并且对她撒谎。她想，匿名来电者说杰克还有其他女人，这一定是在说谎。她不能给最好的朋友打电话，因为她们闹翻了。她也不想打电话给父亲，因为她感到惭愧。所以，第二天，强忍着反胃的感觉，艾丽西亚给一个私家侦探打了电话。不出二十四小时,私家侦探就发现,杰克还有其他四个名字,他有三个妻子,从来没有读过法学院,目前正在一家律师事务所跑腿。他有两个孩子,都是不同女人生的,而且,另一个州已经对他发出了逮捕令,罪名是挪用一家律师事务所的资金。他设法伪造了一个非常受人尊敬的法学院的学位证明书,而且宣称自己通过了司法考试。

现在,艾丽西亚只能向一个地方求助。她拿起电话。"爸爸,"她平静地哭道,"你能马上过来吗?我是说,你今晚就能过来吗?"

"当然,亲爱的,但是,到底怎么回事?你生病了?你需要钱吗?是不是有人伤害你啦?"他吃惊地问。

艾丽西亚的父亲跳上车,开到她的公寓,发现她站在外面浑身发抖,她不愿进门,因为杰克在那里。看到父亲时,她做了每一个遇到麻烦、与父亲关系不错的女孩做的事情,她开始哭,之前她一直在坚持,看到父亲之后,她就忍不住了。

"是杰克,爸爸。你说得对。他是个骗子。"她递给他侦探的调查报告。

"好的,你现在只需要做一件事。"

"什么?"

"去质问杰克,把他踢出去,报警。让他尽量远离你。"

"爸爸,不!不行!要是他朝我们开枪什么的怎么办?"她恐惧地问。

"听着,亲爱的,我来对付他。你想和我一起进去,还是我一个人去?"他坚持道。

于是他们走进去找杰克,他并没有开枪。艾丽西亚的爸爸陪了她几天,帮她换了公寓里的门锁。当他感觉女儿已经安全时,才启程回家。

"令人惊奇的是,"一年后,艾丽西亚告诉我,"他从来没有拿这件事取笑我,也从来没说'我早就劝过你'什么的。他只是过来帮助我处理各种事。这件事对我打击很大,我很害怕。你知道和这样一个人住在一起是什么感觉吗,你从来不知道他有那么多身份。"

下面是她那天说过的最精彩的话:"你知道,我爸爸提醒我的时候,

第7章
成为你想让她嫁给的那个男人

我也觉得有些不对劲，因为杰克跟我爸爸非常不一样。当然我不想告诉任何人。我是说，他有时言不由衷，我听他说过几个善意的谎言。我爸爸非常冷静和诚实，我从来不会不信任他，但我不敢肯定自己能否信任杰克。我想，我怎么能不信任他呢？我会把杰克做的每一件事跟我爸爸比较，我知道，我就知道，在我内心深处，我永远不会嫁给这样一个与我父亲不一样的人，但我不清楚为什么，我想我是被他完全蒙蔽住了。我怎么能这么愚蠢？"

我想知道艾丽西亚是否意识到，她现在正在交往的男人非常像她的父亲。

艾丽西亚的故事对我来说非同寻常，不仅因为我是她的医生，还因为我也有几个长大成人的女儿。艾丽西亚聪明自信，在工作中备受尊敬，而且很正直。那么，问题出现在哪里？她被爱情蒙蔽了，而且，更重要的是，她没有听父亲的话。

杰克的欺骗几乎毁了她的生活。谎言伤人，秘密伤人。如果人们能够诚实正直，生活会更美好。如果你在生活和工作中保持诚实，你的女儿将由此受益。

人是第一位的

当然，男人从进入学校的第一天，就被训练成为将来的职业而学习，大部分男人用金钱衡量事业上的成功和自己是否幸福。我们都愿意相信，拥有得更多，我们就会更快乐。因此，许多人都在考虑如何拥有更多：比如物质、职业方面的发展，更可观的银行账户金额，漂亮的妻子等等。但是，不断地追求更多，从来不通往幸福，只会让我们对自己拥有的更为失望。

如果我们能意识到自己不需要更多，就可以放松，就能得到快乐。知足是指满足于我们是谁，满足于我们今天拥有的。诚实地与妻子生活在一起的男人就会有知足感和自由感。作为榜样，他会教导女儿知道，哪些是生命中最重要的。但是，如果你没有把自己的需要、欲望与诚实、正直、谦卑等品质相调和，你的女儿也不会——更不用说将来与她结婚的那个人了。

你希望女儿嫁给一个不知道满足的男人嘛？他的这种想法可能会被伪装成追求完美，但它意味着他永远在寻求更多。为了获得满足，他将在找寻的过程中远离他的妻子、儿女、他们的家庭生活。他会伤害你的女儿。作为父亲，你不会愿意让你的女儿嫁给这样的人。然而，如果她总是看到你在追求更多——我的意思是，除了勤奋工作之外——她会觉得追求更多是实现更好的生活的必要条件。比如，你告诉她，房子越大、薪水越多、汽车越多、拥有游艇、度过奢华假期，就意味着越幸福的话，她会嫁给一个总是离开家门去追求这些东西的男人。那些不满足于物质现状的人也会对自己不满——同时对他人不满。当你的女婿得到了他想要的其他东西，他就可能厌倦现在的妻子：也许他想要个更聪明、更安静、更自信、更吸引人的妻子。就算他不追求女人，也会追求别的东西。

不要将你的女儿置于这种痛苦之中，让她看到真相——生活中最重要的是我们和亲近的人的关系。这些关系是获得深层次喜悦和满足的唯一途径。如果这些关系好，生活就好，我们会觉得自己需要的不多。你的女婿也应该这么想——如果你能够以身作则，你的女儿就会寻找与你一样的丈夫。

这才是一种伟大的力量：知道如果你失去了各种物质条件，你的生活仍然值得过下去。这意味着没有恐惧地生活。生活中的我们，往往害怕失去各种东西，然而我们并不需要害怕。强大的关系是我们的后盾，令我们完全。你无需担心失去物质的东西，没有它们，你的生活不会崩溃，你可以把它们视为礼物，同时专注于那些真正重要的爱的关系，因为它们才是

第 7 章
成为你想让她嫁给的那个男人

最伟大的馈赠。

如果你是这样生活的，你的女儿一定能够觉察到，对你而言，她也是一件了不起的礼物。你甚至可以开口告诉她这一点，她的爱、热情和力量改变了你的人生，请告诉她，这些已经足够。她需要知道，这样，当她选择丈夫时，就会寻找那些把她当成是上帝的馈赠的丈夫，那些认为她已经"足够"的人。肯·戴维斯认为，与一个"无需隐瞒任何事、无需追求或失去"的人生活，是一种真正的自由。你当然希望女儿自由地生活，没有恐惧。因此，告诉她应该怎么做，成为她想嫁给的男人，因为当她成熟之后，她会在另一个男人身上寻找你的影子（尽管可能是无意识的）。如果你不知道好父亲应该是什么样的，可以在周围的人中找个榜样，向他学习，模仿他，在实践过程中，你将改变女儿的人生。她会受到你的熏陶，在未来的某一天，她会给你找到一个值得你尊重的女婿，作为对你的奖赏。

为你自己寻找平衡——也为她

明智的父亲知道在他女儿的生活中兴奋和灾难、快乐满足与空虚焦虑之间的区别，可以帮助判断女儿的决定是聪明还是愚蠢。你的三岁女儿可能在大街上玩儿童车；十四岁的时候，她可能在集体活动时开小差，和男朋友出去约会；十九岁时，她也许会在派对上"就喝了几杯酒"，然后大胆地开车回家。

作为一个父亲，你必须忍受这种担忧。你希望女儿安全，但你也想让她独立。你希望她勇敢，但不能马虎。你希望她去爱，去付出，但不希望她贫穷。虽然你无法改变她的性格或者决定她在人生中要经历哪些挑战，但你可以支持她，为她指明正确的方向，帮助她成熟。你的女儿如何成熟，取决于她见到你是如何解决生活中的大问题的，以及你是如何勇敢接受挑战的。你会问，她怎样才能在家里看到你表现勇气呢？实际上，无论在哪里都可以看到。我的弟媳看着她做医生的父亲到监狱里去，给死于艾滋病的犯人进行尸检,而其他医生都不愿去做。我最近见到一对十五岁双胞胎女孩的父亲,在妻子因乳腺癌去世后,告诉女儿们没有关系,她们会再次快乐起来的。我在他的眼中看到了痛苦,但在他的声音中听到了信念。

你的婚姻可能跟你期望的不一样,但需要勇气来维持,你应该把孩子的需求放在第一位,放在你可能觉得会令自己幸福的那些目标的前面。勇敢者自我省察,并且做正确的事。缺少了谦卑的正直是不完美的。真正的谦卑,意味着你找到了你的自我与这个世界之间的平衡。谦卑的父亲得到的伟大奖赏便是家人温暖的陪伴,女儿爱谦卑的父亲,与傲慢的父亲疏远。

在判断健康的爱和溺爱方面,谦卑和平衡也起到了重要的作用。你希望保护女儿,她则想让世界知道,如果有人惹她,就是惹到她的爸爸,所以,不要让她失望。万事甩手不管的父亲,只会让女儿心碎。

我和艾莉森的父亲很熟。他脾气温和,是个成功的律师,而且努力要成为一个好父亲。他们家在密歇根湖畔有一个度假屋,艾莉森经常在那里的湖滩上开篝火派对。上高三的时候,他们在那里开了个派对,艾莉森的父亲邀请了女儿的全班同学。如同很多父亲一样,他相信,青少年需要自己的空间,所以,点起篝火之后,他和妻子就走到一边,没有去打扰孩子们。他们不希望艾莉森觉得不自在。虽然他们怀疑有些孩子在喝酒,但他们不打算过去找麻烦。

篝火逐渐变小,孩子们陆续离开。一个年轻男子开着他的车送几个朋友回家。虽然他也喝了几杯,但还是被指定为司机,因为他不像别人喝得那么醉。在回家的路上,他的车失控滑了出去,坐在车里的两个孩子不幸死去。从此以后,他的生活、死去孩子父母的生活、艾莉森父母的生活永远被改变了。他们遭到起诉,艾莉森进了监狱———一切都是因为她的父亲不想让她不自在。所以说,父亲们,你们需要干预。

第 7 章
成为你想让她嫁给的那个男人

为了保护女儿,请倾听你的直觉。父亲们常犯的错误是从女儿身边撤离得过早过快。请千万不要这样,不要担心你会对她保护过度,或者显得霸道,一定要让她知道饮酒过度是危险的,甚至可能危及生命。当然,保护她的方式也要聪明巧妙,要时刻准备着,保持正直、理智和坚强,为她指引正确的方向。

最近,我和一位父亲交谈过(他是个单身父亲,名叫迈克),他刚从墨西哥旅行回来。像许多父母一样,他担心上高中的女儿的春假不知怎样度过,所以,他邀请了女儿的一些十八岁的朋友,在春假期间与他和女儿一起到墨西哥玩。在度假区的酒店住了两晚之后,女孩们决定去体验一下当地的夜生活,问是否可以到那里的夜总会玩几个小时。不想显得过分刻板或者"不信任别人"的迈克,只好表示同意。他提出了一些基本的规则要她们遵守。首先,她们必须待在一起;第二,她们不能离开夜总会;第三,每人只能喝两杯酒;第四,晚上十一点半必须返回。他说,这是对她们的一次测试。

晚饭后,姑娘们乘坐出租车进了城。十五分钟后,迈克也叫了一辆出租车跟着她们。他谨慎地在夜总会外面狭窄的街道上散步,每过一会就朝里张望一下。他一边等一边踱步。十一点半到了,他回到出租车站,发现那里没有女孩在等车。十一点四十五分的时候,他担心起来,就往酒吧里面看了一眼,结果发现她们都在那里:一共四个女孩,面色潮红,在放声大笑。他的女儿在和一个三十岁左右的男人交谈。"最后一辆出租车几点到度假区?"他问一个出租车司机。

"十二点,不会更晚了。"对方回答。十五分钟后,她们就叫不到车回去了,难道她们不知道吗?十一点五十五分,他走进酒吧,拍了拍女儿的肩膀,当她转过身时,他发现她很兴奋。"你知道现在是什么时间吗?"他问她。

"我们马上就走,马上。"她咯咯地笑着说,"爸爸,对不起,你知道我不戴手表。"

她叫上朋友们,他们五个人坐上最后一辆出租车出城回酒店。

"我气坏了!"迈克告诉我。"我当时很生气,很失望,但我不得不等到早晨再和她们谈谈。"

"我一直等到吃完早饭,大家都坐在沙滩上,我问她们晚上过得怎么样。'很棒,特伦特先生。'其中一人说。我的女儿保持安静,她知道我很不高兴。"

"'你们只喝了两杯吗?'我问。她们都点头称是。'谁知道我们昨天是几点回来的吗?'"

"'知道,大约十一点半吧,和你要求的时间差不多,特伦特先生。'"

"'你看,爸爸,我们都很好!'丽兹说,'你进来的时候,我非常非常非常尴尬,爸爸。你为什么要那么做?'她说。"

"'丽兹,或者任何人,'我问,'你们谁知道昨天最后一辆出租车几点出城?'"

"她们茫然地看着我,没人开口。"

"'半夜十二点。十二点。我把你们从酒吧里拖出来的时候是几点?'我问。"

"她们还是一副茫然的样子。"

"'十一点半?'一个女孩问。"

"'不,十一点五十五分。'我说。她们一言不发。'如果错过了最后一辆出租车,你们会怎么办?'"

"'爸爸,'丽兹说,'我们在那里遇到了一些非常好的人,他们来自美国,其中一个叫扎克,他说他有辆车,还主动提出要和他的朋友送我们回去。'"

"我爆发了。'你在开玩笑吧?'我叫道,'你们打算让一个刚在酒吧里遇到的陌生人开车送你们回来?'"

"'爸爸,你不明白,他非常好,我是认真的。'"

(我警告所有父亲:每当你的女儿说某个人"非常好"的时候,这意

第7章
成为你想让她嫁给的那个男人

味着他笑起来比较好看。)

迈克告诉我:"我觉得,最让我困扰的一点就是,那些女孩真的不明白我在说什么。我无法说服她们明白为什么她们不应该和刚与她们认识的人离开酒吧。此外,她们完全忽略了我给她们的规则。我还发现,其中一个女孩整晚上都和一个结了婚的男人喝酒跳舞,那个人和妻子、孩子们也在那里度假,但他却告诉那个女孩自己是单身,而且是来出差的。"

"她们喝得太多,而且根本不管应该几点回去。最大的问题是,连我自己的女儿都准备让陌生人送她。如果我没有跟着她们,还不知道会发生什么。"

迈克的困境真是太常见了。他太了解丽兹,甚至以为他也了解她的朋友。丽兹非常聪明,她是常青藤盟校的大一新生,从未遇到过麻烦。迈克忘记了什么?虽然丽兹聪明、负责任、进入了好大学,但是,这并不意味着她的头脑已经成熟。她的心理年龄仍然是十九岁,而不是二十五岁。她是在乐趣和灾难之间走钢丝,一旦倾斜,就无法自己保持平衡。幸运的是,她的爸爸相信自己的男性直觉,保护了她。通过聆听这些来自本能的声音,他有可能挽救了她的生命。

如果迈克没有跟着,丽兹和她的朋友们会不会安全返回?很有可能。但也许不会。她的生命对于迈克来说太重要了,所以他不能冒这个险,而且不冒险放任她也是正确的。作为医生,我看到过太多的父亲无谓地冒险,而迈克恰好在信任与保护之间找到了平衡。

当保护变成事无巨细的控制,平衡也会被打破。儿科医生用"超父母"来指代那些过度控制孩子的家长。超父母的意图通常是很好的:他们希望孩子出人头地,抓住每一个机会。问题在于,这样的父母会给孩子带来压力,让他们觉得不堪重负和愤愤不平,甚至不会领父母的情。所以,一定要保持平衡,设定一条保护线,维护孩子的安全,但给她自由选择喜欢的活动的权利,同时确保她的生活中充满了养精蓄锐的机会。

最后,诚信正直的男人应该教女儿面对现实世界。虽然网络上的虚拟生活不会消失，但没有必要让她害怕电子产品和媒体，同时也要注意，不要让手机、iPod、mp3播放器、黑莓等电子产品取代了与人面对面的交流。总之，关键在于平衡。我认识一些父亲，他们在自己的车里播放iPod和mp3，还有人也会鼓励十几岁的孩子到电脑夏令营度过暑假的八周时间。要尽可能地让女儿与你互动，比如一起出门，出去吃饭，打高尔夫或者钓鱼。跟她说话，拥抱她。互联网可以令她兴奋，但当网络无法安慰她时，你可以陪伴她。

那么，这些东西与她的丈夫有什么关系呢？息息相关。

她的丈夫也需要保持平衡，才能与她营造健康的婚姻关系。如果她看到你是如何努力保持这种平衡的，就也会想要这种平衡。她会在与自己约会的男性身上寻找保持平衡的能力，如果她没有见过真正拥有勇气、爱和信仰的男人，就很可能选择错误的婚姻，例如嫁给虚张声势、傲慢冷漠或者不忠诚的男人——他会让你的女儿心碎。

他还有可能是一个所谓"非常爱她"的人，以至于需要她一直在自己身边，倾听他的牢骚，给他提各种关于生活和工作的建议，因为他发现她很聪明。实际上，这说明他害怕在没有她的帮助的前提下做出任何决定，也许他是刚从酒精成瘾或抑郁中恢复过来，所以，她对他"有好处"，而他的需要让她感觉美妙极了。

请当心，父亲们！这样的家伙到处都是，而且，漂亮女孩爱他们。她们蜂拥而至，想要照顾这些可怜的、翅膀折断的鸽子。她会闪电般地嫁给他，然后找个工作养活他，直到他"足够坚强"，可以工作为止，因此，在短期内，她肩上的重担就会变得难以忍受。

更糟的是，某一天，他可能会伤害她。作为父母，我们会一直担心子女与人交往时会受到暴力伤害。根据美国青少年暴力预防计划，几乎所有的初高中学生都曾在约会时经历过身体或情感虐待。例如，十一分之一的初高中学生曾经在约会中被打、掌掴或者受到身体伤害。还有十一分之一的学生表示，他们曾被强迫性交。高达96%的学生报告说，他们在约会

第 7 章
成为你想让她嫁给的那个男人

时经历过情绪或身体虐待。据统计,与男孩相比,女孩在这方面风险更高。

塔拉去了南方的一所教区大学,她很兴奋,因为学校有一个很好的帮助盲人和聋哑人学习的项目。大一开始几个月后,她结识了班上的一个男生,他是靠篮球奖学金入校的。塔拉出身中产阶级家庭,在郊区长大,而对方则是个倔强的、在城区长大的男孩。但他也很风趣,并且非常尊重她。他告诉她,她是学校里最漂亮的女人。在咖啡馆里,他们经常一聊就是几个小时。有好几次,他邀请她去"约会"——共进晚餐或者看电影。她都拒绝了,因为她想停留在友谊关系。他不喜欢这样,所以对她越来越不客气。塔拉解释道,她现在不想交男朋友,她希望专心学习。两人的关系紧张起来,但塔拉觉得对不起他。他的童年经历很不幸,他从未见过自己的父亲,他的母亲在监狱服刑(被判处二级谋杀罪,她后来才知道)。他的兄弟姐妹都很孤独,他经常担心他们。他想完成大学学业,然后找个好工作,这样就能供养他们。塔拉很钦佩这一点,她没有和他断绝关系,因为她觉得自己对他的愤怒和激动反应有点过度。"他不会伤害我的,他真的很需要我。"她想。讽刺的是,她也害怕完全断绝关系会激怒他做出过分的事。(父亲们,请注意:很多很多女孩都会这样想,她们害怕与某个男生分手会导致对方伤害自己。)后来,她不想断绝关系的原因是她觉得自己也许能帮助他改变人生。(对于父亲的另一个警告:对于好女孩来说,这种想法非常普遍,她们真的相信自己能让男人改掉喝酒、大呼小叫和吝啬等陋习。)

随着学年接近尾声,塔拉准备好回家过暑假。当她和她的朋友说再见时,他很生气。很多学生都离开了宿舍。那天晚上,当她准备上床睡觉时,听到窗口有动静。他在那里。她的室友都回家了。他闯入她的房间,强奸了她。虽然隔壁宿舍有学生,但他用枕头捂住她的嘴,所以外面听不到她的叫喊。塔拉怀孕了,接下来她过了五年地狱般的生活,这一切都是因为她希望友善对待和帮助这名男子。

❖ ❖ ❖

酗酒的人和抑郁症患者当然需要帮助，但他们可以去找医生。而你的女儿是需要被保护的，你是她的盾牌，你需要以身作则，在她面前营造健康的人际关系。给她看看什么是健康的爱——实现了平衡的爱。然后，她会明白，什么是不健康、不平衡的爱情。如果它进入了她的生活，她会在事情失去控制之前安全撤离。但如果事情真的失去了平衡，请做好准备帮助她，就像艾丽西亚的父亲对付杰克那样。

如果你想让她嫁给正直的、一个试图好好爱她、勇敢保护家人、保护她，并且体现出男子汉的谦卑而不是傲慢自恋的人，那么就向她展示，什么叫做正直、诚实、谦卑，教导她热爱生活，而非害怕生活，这意味着你不能有任何秘密。让她知道，爱比家庭财产更重要，向她展示人格的力量，她会把看到的优点纳入自己的性格。

诚实正直使人感觉良好。她见得越多，坚持做正直人的时间就越长，就会越期盼得到这样的伴侣。她也会在与自己结婚的男人身上寻找这些品质。

Chapter 8
Teach Her Who God Is

第 8 章
教导她信仰是什么

你的女儿需要对上帝有信仰,因为,生活难免会把她带到一个包括你在内的任何人都无能为力的地方,当她到达那里时,她要么会孤军奋战,要么可以把她的信任托付给慈爱的上帝。

第 8 章
教导她信仰是什么

你的女儿需要信仰,她希望你是那个告诉她上帝是谁、他的形象以及上帝对她的看法的人。她希望去相信,存在一种超乎形体和声音之外的世界。她希望知道,宇宙间存在着一种(甚至)比你更聪明、更有能力、更有爱的力量。如果你是一个正常的、健康的父亲,你应该感到高兴,因为她愿意相信有一位更强大者的存在,因为你十分清楚,在很多情况下,你会辜负她。你会忘记她的演奏会,因为出差错过她的比赛,或者发脾气,说伤害她的话。你只是个普通人,尽了自己最大的能力去做一个好父亲而已。你需要有人站在你身后支持你,当你不在时,你的女儿可以求助于那个人。你和你的女儿时刻都需要一个更强大、更好的父亲。

我并没有轻率地说出上面的话,而是从医生的角度,根据我的观察和研究,从经验中提炼出结论,因此,我的这番话有根有据,是科学研究的结果,有大量的事实为基础。举例来说,我给病人开处方时,我需要知道处方会不会管用。如果我开了希舒美治疗肺炎,前提条件是我知道这种抗生素治愈感染的可能性极大。我不能简单地对病人说:"祝你好运,我希望这药能管用,但我真的不能确定。"听到这些话,美国儿科学会会揪着

本章为作者个人对信仰的看法,并非出版者观点,但为读者更全面地了解本书的积极方面,故对此部分内容进行保留。——编者注

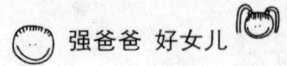

我的耳朵把我赶出医学界的。

所以，当我指出怎么做对孩子有好处的时候，我需要参考各种研究结果来证明我的看法，接下来我会详细说明这一点。当涉及我们的孩子时——比如什么对他们有益，他们想要什么——大部分家长会受到媒体的欺骗，去相信很多显然是虚假的事情，特别是关于宗教方面。媒体经常把宗教——特别是基督教各教派——描述为压抑、陈旧、不切实际、愚蠢甚至对孩子的心理有害的东西。媒体就是这么说的；但统计数据却有力地驳斥了他们的说法。我希望你能以开放的心态阅读以下数据。在孩子的欲望和需要方面，我们成年人都存有一定的偏见，所以，不妨看看下面的事实证据。

宗教对孩子有保护作用，对青少年的研究证实了这一点。在本书中，宗教是指对上帝的信仰，到教堂或庙宇参加敬拜，参与青年团契，以及参与宗教活动。研究表明，宗教（有些研究会使用"笃信宗教"这个词，本书中，该词的意思等同于"宗教"）可以：

◎ 帮助孩子远离毒品；

◎ 帮助孩子远离性活动；

◎ 帮助孩子远离烟草；

◎ 向孩子提供道德指引；

◎ 给他们精神和身体上的安全感；

◎ 在从童年到青春期的阶段，有助于帮助他们成熟；

◎ 帮助他们设定一些界限和远离麻烦；

◎ 帮助青少年对生活保持乐观；

◎ 帮助青少年感到快乐幸福；

◎ 帮助大部分青少年解决问题，克服麻烦；

◎ 帮助孩子喜欢自己的身体和外貌；

◎ 帮助孩子推迟初次性行为时间；

- ◎ 让孩子不那么叛逆；
- ◎ 让孩子不容易表现出坏脾气；
- ◎ 让孩子不轻易逃课；
- ◎ 防止孩子观看限制级的色情电影和视频；
- ◎ 减少孩子花很多时间玩视频游戏的可能性；
- ◎ 减少孩子出现抑郁症状的可能性；
- ◎ 帮助孩子调整人格，进入成年期。

还有些研究虽然以成年人为中心，但也提到一些关于宗教对孩子的影响的结论：

- ◎ 可能更有效地降低自杀率，甚至将自杀数量降低为原来的四分之一；
- ◎ 与其他因素相比，可以更有效地预防自杀，包括失业导致的自杀；
- ◎ 提升自我的力量；
- ◎ 减少偏执；
- ◎ 减轻焦虑；
- ◎ 降低不安全感。

以上这些不是设想、希望或者乌托邦式的幻梦——而是真切的现实。许多这些发现来自于最近发布的一些优秀的研究成果，包括克里斯蒂安·史密斯的著作《灵魂探寻：美国青少年的宗教与精神生活》——我强烈推荐这本书。这是一项针对孩子的愿望与信念的开启视野的研究。有趣的是，女孩往往比男孩更虔诚，而男孩和女孩都希望能够得到比我们提供的更多的宗教知识。

很多父母说，他们不希望强迫女儿相信上帝，因为她需要自己形成对宗教的看法。当然，她会自己形成，但这并非问题的关键。父母教导子女不要吸烟、辍学，或者不要开车太快，教导孩子要学会尊重，要善良，让他们知道，我们相信他们应该学习数学、文学、科学和历史，当某样东西非常重要时，我们会教给孩子，然而，当谈论到上帝的时候，我们却退出了。在某种程度上，我认为，这是因为我们很多人都没有自己的宗教教育，我们根本不够了解上帝，也不清楚信仰到底是什么。

现在的问题是，我们的孩子应该怎么对待信仰，什么是他们需要的。你需要告诉女儿你的想法、你相信什么，你的信念会对她的信念产生强烈的冲击。如果你觉得你需要与女儿一同开始信仰之旅，一定要去做，她会喜欢的。

在这里我需要解释一下，当我说你的女儿需要上帝的时候，我指的是犹太教和基督教的传统，这也是超过三分之二的美国青少年的传统（其中，52%的人信奉新教，23%信奉天主教，1.5%信奉犹太教）。说到信仰上帝，84%的年龄介于十三岁和十七岁之间的孩子表示他们相信上帝，12%的人不确定，只有3%的人说他们不信上帝。

这符合我与病人和来自全国的青少年接触的经验。许多孩子可能会围绕上帝是否存在的问题发表长篇大论，但很少有人是无神论者。克里斯蒂安·史密斯指出："与很多流行的假设和成见相反，美国的青少年教徒是非常传统的……在宗教方面，大部分美国青少年都没有表现出疏远或叛逆。"事实是，你的女儿渴望听到你对上帝的想法——她很可能会接受你的信仰。

孩子天生具有一种内在的感觉，认为生命不仅是他们看到的样子。当我问起孩子们的精神生活时，他们完全知道我在说什么。他们承认自己无非是血肉之躯，他们阅读、弹钢琴，然而，不知何故，他们有时候也会在自己身上看到一个无形却真实，而且相当美好的部分，那就是灵魂，我们难以用语言来形容它，甚至连非常幼小的孩子都明白，灵魂存在于一个未知、深邃、未经探寻、难以界定或阐明的维度。相信灵魂存在，会让孩子觉得高兴，让他们认为自己重要，而且与永恒相连。而你，作为她的父亲，也能够看到这一点。

第 8 章
教导她信仰是什么

父亲的智慧

你还记得坐在你三岁的女儿的床边，看着她安静地睡着吗？你轻轻俯身吻她的额头，拉起毯子盖上她的肩膀，任何父亲都无法充分描述看着自己熟睡的孩子的体验——必须亲身去经历才行。现在，想象一下，你正在走出她的房间，你能回过头去看着她，同时相信她无非是一些人体细胞的排列组合吗？

当然不能。可是，极端的世俗主义者或许就是这样看待他们的孩子的：认为她无非是父母 DNA 结合的产物，空气流过她的胸腔，使她得以生存；虽然你认为和她在一起的时间非常宝贵，很有意义，但那纯粹是一种生物学现象；她的思想和感情与她的大脑神经元放电有关；有一天你会死，她也会死，仅此而已；生命是从 DNA 的分裂和重新组合开始的，如果这些机制不再起作用，生命也会停止。

我无法想象，一个父亲会对女儿产生上面这样的感觉。当你看着熟睡的女儿，你面对的是一个精神实体，这是你不能否认的。从她出生那一刻开始，你能体会到生命的令人敬畏，它似乎与一些神秘和超验的东西有关，你会觉得孩子超越了你和你的配偶。一个人可以和朋友同事围绕上帝是否存在的话题开玩笑，但当一个父亲看着自己的孩子的时候，他会体验到上帝的存在。我常常觉得，父母（尤其是父亲）不好意思与女儿谈论精神问题，谈论信仰似乎和谈论性一样，让我们觉得矛盾、语塞，不知道从哪里开始。或许我们是害怕，因为我们不知道所有问题的答案。或许我们是内心挣扎，纠结于信仰问题。这些都没有关系。你无需提供所有答案，你可以保持问题的简单。

孩子们总是希望认识上帝，他们的问题是直观的。如果你不给予女儿指导，她会自己寻找答案——这意味着你会权威扫地。邪教就是这样出现的。如果不给她配方，你不会一上来就让女儿做红酒炖鸡当晚餐。而上帝比晚餐重要得多。

无论你是基督徒、犹太人，还是印度教徒，如果你的女儿问起上帝，你需要给她一些帮助。你的女儿希望从你那里听到一些解释。对大多数的父母而言，这意味着把自己对上帝的信仰告诉给子女，如果你不知道如何讲起，不妨把你看着宝贝女儿睡觉时的感受说给她听。

为什么需要信仰？

为什么你的女儿需要你来教导她信仰和理解信仰？好吧，卡尔·荣格写过："在我后半生接触的病人中……他们出现问题的原因，都是因为未能树立一个宗教的人生观。所以，可以肯定地说，他们的病因是失去了宗教信仰，而那些没有找回宗教信仰的人，就从来没有真正痊愈过。"或者，简单地说，你的女儿需要信仰有两个原因：她需要帮助，她需要希望。上帝给予帮助，他也承诺，她的未来会更好。

无论你的专业影响力如何，或是多么富有和勤奋，你能提供给女儿的东西是有限的。很多人不愿意面对这个事实。但你确实无法保护女儿不受所有痛苦的折磨。当人们真的受伤之后，他们会向上帝呼求，这种反应是自然的、本能的。这种情况屡见不鲜。但是，当你的女儿遇到此类情况时，她做没做好准备？她知不知道上帝是谁？她知道上帝会倾听她吗？抑或是她从内向外，只看到一片虚无？那些剥夺了女儿与上帝交流的喜悦的世俗主义父亲们经常会说，他们这样做是因为女儿不需要拐杖，他们说，上帝是给弱者准备的。

然而，每一个孩子都需要帮助——父亲们也是。不要剥夺女儿这方面的希望和帮助。有时候，当她感到孤独无助时，能够求助的只有上帝。我曾坐在弥留之际的病人床边，可以告诉你的是，死亡笼罩着神秘的面纱。我曾怀抱着一个早产的男婴四十五分钟，他只有一磅半重，我没能把他抢救过来。我曾经抚摸着昏迷中的老妇肿胀的双脚，感觉到她死亡时的身体变化。这些都不是生理上的变化，当时，她的心跳速率正常，呼吸虽浅，

第 8 章
教导她信仰是什么

但并未停止,但是,某些东西发生了变化:她在死去之前就离开了。

当我和朱迪一起追想她对车祸、昏迷和恢复过程的记忆时,我问她,有没有什么人,在事故发生前和发生之后,对你而言,他都是没有变化的?

她的回答像电流一样击中了我:"是的,只有一个人,就是上帝。在我出事前,我经常祷告,我去教堂礼拜,知道了上帝是谁,还有耶稣基督。在昏迷的时候,我感觉到他的存在,他就在那里,在那里和我在一起。而当我醒来的时候,我第一个想到的是上帝,而我生活中的其他人,在事故之后似乎变得完全不一样了。"

我喜欢医学的原因之一,就是它需要诚实。生病的人往往很坦率,我注意到,那些危重病人会简化自己的思维,将他们的生命摆在第一位,而且,很容易想到上帝。大多数人相信他,有些人敬而远之,但孩子们是普遍相信的。出于某种原因,超自然的事物吓不倒他们。我们的心灵和头脑比他们沉闷,他们更能接受上帝的存在,比我们更容易去爱。

亚达十一岁时,她被诊断出患有一种罕见的脑肿瘤。她的父母和哥哥崩溃了。亚达还是很坚强,体格健壮,看上去似乎非常健康。但是,当她的脸部变得扭曲,身体抽搐震颤的时候,他们开始意识到发生了可怕的事情。亚达的父亲是个安静善良的男人,他把悲伤藏在心里,在妻子和儿子面前表现得很坚强。然而,每次带亚达看完病,他都会觉得难过至极。

亚达的父母——斯图和华金并不相信上帝,他们过着简单的生活,好像对他们而言,上帝根本不存在。他们从不去教堂,星期天是家庭日,感到死亡迫近的亚达开始担心她的父母,担心她的狗和朋友们,主要是担心她自己,她时常变得很害怕,特别是害怕死亡的过程。

一天夜里,睡了一天的亚达蓦然醒来,她想接着睡,却睡不着。

早晨,她走出房间,看到母亲和父亲坐在厨房里说话,于是走过去,对父母说了一番改变了他们的人生的话。

"妈妈，爸爸，你们不需要再为我担心了。昨天晚上，一位天使来到我的房间对我说，我会没事的，我会去天堂，那里实在好极了，我是说真的。我们终于不必再担心了！天使告诉我，将来的某一天，你们也会和我在一起。"

斯图吃惊得张大了嘴巴。他立刻想到，亚达可能因为服用脑肿瘤药物而产生了幻觉。他什么也没说。但是，当亚达走出去时，他意识到她的言行举止全都改变了，连她的皮肤看起来都不同了。几个月来，她第一次看上去那么高兴。

与所有父母一样，斯图和华金对刚刚发生的事情疑问重重，他们虽然希望事情如亚达所说的那样美好，但他们不愿意相信，就把这件事抛在了脑后。

告诉父母关于天使的事情大约一年后，亚达去世了，在这段时间里，亚达从未怀疑过自己的那次经历，她确切不疑地相信自己会上天堂。实际上，她经常向父母重申，说他们会再次相见，而上帝、天使和天堂都是真实的。

❖ ❖ ❖

生命的伟大奥秘在于超自然事物的存在和活动。亚达当时是精神失常了吗？如果她是唯一一个说过这种话的孩子，我会说是的，然而，她不是唯一的。我见过另外一个得了癌症的孩子，他告诉他哭泣的母亲，她可以回家去好好睡觉了。"天使来了，"他说。"他会在你离开之后帮助我，陪着我。"这件事发生在我听说亚达故事的十五年前。

还有很多人也有类似的经历。作为医生，我相信这些见证，因为他们形容、感觉和最终获得的安宁和信心是相同的。

医生们见证了太多的痛苦和悲伤。我亲自见证过人类的极限，我们能为病人做的实际上并不多。我们的智力是有限的，知识也少得可怜。正如

第 8 章
教导她信仰是什么

托马斯·爱迪生所说：不管什么事物，我们对它们的认识连百万分之一都不到。

年轻病人的优势之一，是他们没有试图理顺和控制一切。他们允许人类的本能来接管，当他们这样做时，其精神层面就会与超自然相连接。

你的女儿需要对上帝有信仰，因为，生活难免会把她带到一个包括你在内的任何人都无能为力的地方，当她到达那里时，她要么会孤军奋战，要么可以把她的信任托付给慈爱的上帝。所以，当她遇到这种情况，你知道女儿会怎么做吗？如果她自己的能力、你或任何人的帮助都没有作用，她会有什么想法和什么感觉？她会祷告吗？她知道要向谁祷告吗？她在生命中的关键时刻会怎么做，完全取决于你。

你能不能、会不会教导她，在急切需要帮助的时候求告上帝？

在小女孩的眼中，你和她的母亲就像一条补给线，向她输送爱、帮助和支持。除了你们之外，她看不到任何人。很多在感情上遭到拒绝和遗弃，或者那些短期内被误解的孩子需要在某处找回安全感。所以，他们会求助于某个强大、慈爱、可以信靠的力量。于是很多人转向了上帝。但是，也有人会选择不健康的东西（例如毒品、性和邪教），因为他们觉得很绝望。

除了父亲之外，许多健康的女孩也需要给自己已然成熟的情感和心理寻找寄托，这是一个正常的、健康的过程。在她的童年早期，假如你能提供足够的温暖，你的女儿很容易依附你。当她进入青春期，就会与你拉开距离，看看凭她自己的力量能够做成什么。但是，在进入新的领域冒险之前，她仍然需要一只锚，如果你不做她的锚，她就会另行寻觅，很多父母——和青少年——会希望上帝成为这只锚。

青少年想要信仰。因为，我相信，对上帝的信心给了他们希望。你的女儿需要希望。我们都需要。人世间有那么多的痛苦和无奈，以至于许多人变得冷酷，相信宿命。我经常听到成年人说："这有什么用吗？"然而，孩子们却没有大人那样疲惫，他们比我们更容易抓住希望，我们必须确保不会拒绝给予他们希望——只因为我们的老迈和执拗。

我有幸认识一对从二战期间的奥斯维辛集中营幸存下来的犹太夫妇。虽然我只与他们见过十几次面，他们却让我对上帝有了极不平凡的理解。第一次见到他们时，我注意到了他们的口音和身上的疤痕。看到疤痕时，我不禁有些惊惧。我有无数问题想问，但也害怕听到他们的回答，害怕知道那些人类可以加给人类的恐怖有多么邪恶。与坐在有血有肉的幸存者对面相比，如果仅是阅读相关书籍的话，至少可以让我有一种远离现实的感觉。

一天晚上，他们谈到了上帝。他们很少谈论奥斯维辛集中营里发生的具体事件，但似乎很容易就能讲到上帝。起初，我感到震惊，他们怎么会对上帝有好感？一位好的上帝，怎么会允许这样可怕的事情发生？但我什么也没有说。他们继续和我的父母谈话，我的父母是天主教徒。

"赫达，"我母亲说，"我必须承认，如果我是你，我不会保留我的信仰，你怎么能真的相信上帝帮助了你？如果他帮过你，又为什么不去帮别人？"

赫达的回答令人吃惊："并不是上帝设立了集中营或者杀死了犹太人。他犯的错误是，赐予人类自由意志，给了他们能够想出如何折磨人的方法的大脑。我知道他比我还要憎恨奥斯维辛集中营。我们很多人都有信仰，我们需要希望，无论我们能否活着出去，我们都需要知道，在某种程度上，生活会更好。所谓的更好会是指天堂吗？我们不清楚自己在想什么。但上帝给了我希望，是希望让我活着。我没有足够的力量去恨他。"

希望让我的朋友在集中营里活了下来。

我们中的任何一个人可能都忍受不了她经历过的折磨，但我们都会经历痛苦和孤独。当你的女儿遇到这种情况，她将需要信心和希望。事实上，我们知道，青少年确实需要信心和希望。自杀是青少年的第四大死因，统计数据表明，每当一个青少年成功自杀，会有五十到一百名其他青少年也产生自杀的念头。一项优秀的研究揭示，33%的初高中学生有过自杀的想法。美国心理学协会估计，根据各种研究，青少年临床抑郁症的发病率从近十分之一增加到近三分之一（9%到30%）。所有患抑郁症的孩子都需要希望。身患绝症的孩子也需要希望。我们医生常常看到患绝症的病人最后放弃了希望，结果死亡很快就来临了。

此外，和我们一样，孩子们会在成长过程中犯很多错误。作为父亲，你的责任之一是教给她如何面对失败。当她犯了错误，接下来应该怎么办？是沉湎于自怨自艾？否定错误？还是掩盖它？这些都是不健康的处理方式。她需要有能力识别出自己犯了什么样的错误。如果是小错，请帮助她知道这是小错。如果是大错，也请帮助她去面对。

为了让她吸取教训，情绪健康地向前发展，必须做到三件事。首先，她必须承认错误，有些孩子在这方面比其他人做得好得多。年幼的孩子很难做到，因为他们大部分会把幻想和现实混合在一起。如果你的女儿难以承认错误，要有耐心，但也要坚持，因为这是一种技能，她需要时间来培养。

其次，她必须说对不起——对你说，或者对任何她伤害了的人说，甚至对她自己说。对于十几岁的敏感女孩而言，这是非常重要的。我的一个病人就抑郁了十八个月，因为她无法原谅自己犯下的一个大错。

第三，她需要重新开始生活，从全新的起点继续向前走。我经常见到一些女孩——她们是我的病人，尽管愿意说对不起并继续向前，但她们根本不明白该如何去做，不知道如何开始。这时，上帝可以帮助她：宽恕，是一种擦除过往、回归起点的方式。我们很少会使用"仁慈"这个词，但它是个美丽的词语。我们都知道它的意思。它象征着宽恕和慈悲，照亮跌倒和消沉的我们。弥尔顿在《失乐园》中描述过上帝的仁慈："我将施慈惠和正义，使我的荣光，得彪炳于天地之间，尤其是慈惠，将始终一贯地，永古光华四射。"宽恕，仁慈，还有一个全新的起点，这是每个人应得的。所以，请把它们给你的女儿，它们会使她对未来产生希冀。如果你有给女儿希望的更好的方式，尽管去做。但我不知道还有其他方法，也没有遇到任何发现了其他方法的人。

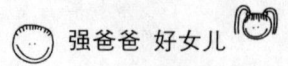

为什么是你

你不仅是出现在女儿生命中的第一个男人和第一个权威人物,你的性格还会不可避免地与你女儿心目中上帝的形象重合。如果你值得信赖、有爱心、善良,你的女儿会更容易接近上帝,而不会害怕他,她知道上帝是好的,因为她知道人身上的善良是什么样的。

父亲的性格对女儿看待上帝的影响方面的研究证实了这一点。研究人员发现,孩子眼中的上帝与他们眼中的父亲存在相关性。与男孩相比,女孩更容易在上帝与父母身上发现相似之处。以霍普学院的简·迪基教授为首的研究发现,女儿对上帝的看法受到父亲的影响很大。

换言之,成为好父亲,相当于成为通往上帝的道路上的合格向导。

❖ ❖ ❖

希瑟一直对认识上帝有浓厚的兴趣。她准备离家去上大学时,我问她对于离开家有何感受。

"哦,我有点兴奋,但也很伤心。"她说。

我感觉到她还想多说一点,所以,我问她有什么期待,以及她觉得自己会想念什么。

"能够一个人住在城市里,我真的很激动。另外,我觉得学习从来没有接触过的课程会很有趣。我打算主修西班牙语,也许辅修政治学。我想学好西班牙语,然后到外国的孤儿院去工作,你知道,有些地方的孩子真的非常需要帮助。"

我知道,这个从容自信的年轻女孩能做到这一点。"那么,你为什么有意在孤儿院工作?"我问,"你父母带你去过吗?你经常旅行吗?"

"哦,不,我们从来没有走过多远,我们没有足够的钱。此外,我的爸爸工作总是很忙,他从来没有真正度过假。他有些无聊,我猜。"

"那你为什么要学西班牙语,为什么想去孤儿院工作?"

第 8 章
教导她信仰是什么

"米克医生，我知道你可能觉得这想法有些疯狂，对你来说它可能没什么意义，但是，你看，每天早晨，我和爸爸都是家里面最早起来的，但他起得比我早。当我下楼时，总会看到他一个人坐在起居室的椅子上祷告。我知道他祷告是因为他闭着眼睛。有时候他会在那里读圣经，或者有关圣经的书，我知道，在这个时候绝对不能打扰他。"

"我爸爸真的有强大的信心，因此他每天都起得很早，祷告，读圣经。我爸爸是个快乐的人，但他也不会和每个人都相谈甚欢。有时候，他会和我们谈谈上帝，但大多数时间，他只是会把早晨读圣经时的心得应用在生活中。无论如何，每当我去上学，感觉都会非常好，因为我知道我爸爸一定为我祷告了。有时候，我知道帮助穷人，特别是穷孩子，会让他真的很开心。我是说，他希望我去做我想做的，但我真的想成为他那样的人。米克医生，我想知道我爸爸是怎么看待上帝的，所以，我认为在孤儿院工作也许是个好主意。好吧，我知道你可能觉得我是疯了。"

"不，希瑟，其实，我完全明白了你的意思。"我说。希瑟没有告诉我她爸爸经常带她去教堂（我知道他们常去当地的卫理教会），而且让她学习圣经，参加青年团契。她看到他坐在椅子上祷告。就是这么简单，这就是所有她需要看见和需要改变的。他也确实改变了希瑟。他活得真实，他的信心也是真实的。他安静、谦逊、追求上帝。只需要做到这样，就足以让希瑟追随他的脚步。你现在看到了父亲对女儿的强大影响力了吗？我敢打赌，希瑟的父亲并不知道他对女儿的生活和信仰带来了如此之大的影响。

另外，请注意，希瑟非常愿意为上帝做事，因为她不怕他。她爸爸是个真诚温柔的人，所以，她觉得上帝也是这样的。当女儿看到父亲与上帝建立了很好的关系，她就会相当容易和自然地与上帝站在一起。相反，如果你经常呵斥她，冷嘲热讽，或者对她残酷无情，她也会远离上帝。我见过很多有个好父亲的女孩找到了好丈夫，以及拥有好父亲的女孩选择了信靠上帝的实例。

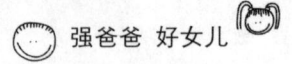 强爸爸 好女儿

如何去做

不管你是否相信上帝，你的女儿都会找你寻求答案；如果你相信上帝，她会想知道上帝是什么样子的。女孩们自己也说，父母对她们的信仰有着主要的影响，所以，请做好准备。

首先，你必须问自己："我相信关于上帝的哪些东西？"请拿出勇气，选择你的立场，不要做中间派。如果你不确定，请你去寻求。阅读《圣经》。阅读那些与你的疑问直接相关的书，无论它们是C.S.刘易斯的畅销著作，还是肯培多马的《效仿基督》、帕斯卡尔的《思想录》或者陀思妥耶夫斯基的小说等经典。没有任何东西能像信仰这样开拓人类智力的极限，也没有其他的主题能够像信仰上帝一样，能够启发人展开深层次的思考。所以，不妨了解一下最伟大的人类头脑追寻上帝的心路历程，就从你感觉最舒服的地方开始，在你周围找一间好教会，或者带女儿到会堂去。给女儿一些可以让她沉思的书籍，她渴望获得和理解信仰方面的知识。否则，我向你保证，她会在别的地方寻求精神上的慰藉。

有趣的是，虽然孩子需要信仰，但他们不希望别人告诉他们应该信仰什么。我理解这一点。我是个新英格兰人，我们这里的人喜欢各忙各的，互不干涉。而且，许多最激进的宗教说客并不受人欢迎。含有虚伪做作和操纵成分的宣教当然会遭到孩子的拒绝。

然而，你的孩子信任你，想听你的意见，他们知道你没有不可告人的目的，知道你是诚实的，你会为他们的利益着想。在你女儿眼中，你比任何牧师、神父、拉比更有权威。因此，你的肩上有额外一份负担，这是一件好事。

你也应该知道，孩子们尊重传统，如果没有传统，没有你的指导，他们只能去追逐流行风尚。例如，现在年轻人的新趋势是，相信所谓的"道德主义自然神治愈论"，具体是说，上帝是存在的，但他不会干预任何人的生活，人生的目的是快乐，是自我感觉良好，人们死后都会进天堂。

第 8 章
教导她信仰是什么

孩子们选择这种"精简版的宗教",是因为父母没有让他们充分了解传统的宗教。如果我们不告诉他们宗教信息,他们就无法做出选择,从而表现出对犹太教和基督教传统的无知,而这些传统恰恰是世界上许多最优秀的艺术、音乐、文学和哲学作品的渊源。这是很可悲的,因为美国各地的很多孩子都希望我们带他们了解传统的犹太教和基督教,而且想要学习传统的神学。研究表明,青少年喜欢传统的宗教和宗教团体。这并不出乎意料,因为和大多数人一样,孩子们喜欢他们熟悉的东西,他们尊重和欣赏经受了时间考验的东西。传统宗教和社团恰好能够给孩子安全感和传承感。

公立学校不会给他们宗教信仰方面的指导,主流媒体同样不会。而且,很多父母——甚至教会——都对孩子回避这些问题。请不要像他们那样放弃你的女儿,她想知道上帝是谁,想知道他是什么样的,她想从你口中知道。

圣奥古斯丁说,每个人的心里都有一个只有上帝才能填补的空白。与各类女孩打交道的经验使我对此确信不疑,很多没有帮助子女了解上帝的人会感到内心的不安。

为了帮助女儿找到上帝,你需要采取行动。我学医不能仅靠书本,相信你学习自己的专业时也是如此。毕业后,我还要在一家医院实习,与医生、护士和病人交流。当你寻找上帝的时候,请到教堂或会堂去,跟朋友、牧师或者拉比聊聊,获取你需要的信息,自行做出决定。做决定可能需要一定的时间,也可能有所变动,你也许需要很多年的时间才能搞清心中的疑问,这些都无所谓,只要你现在就开始,因为你需要为了女儿寻找答案。这将是你人生最重要的决定。

我知道这些都是非常个人化的问题,很多人宁愿回避。然而,殊不知深刻的问题最能塑造生命,它们将塑造你的女儿的人生。

有的人最后可能认为上帝并不存在。如果你选择无神论,请做好准备,在女儿面前为无神论辩护。她会追问你许多问题,因为她的大多数朋友都相信上帝,她会想知道你为什么有不同的想法。

如果你相信上帝的存在,不要仅仅停留在这个想法上。问问自己:如果我真的相信上帝,这有什么不同?当孩子们被问到他们是否感觉自己与上帝接近时,大部分经常去教堂的人会给出肯定的回答。你的女儿希望体验到与上帝沟通的感觉,如果信仰激励你为他人服务,例如每周参加礼拜、每天祷告、读《圣经》,让你充满平静和希望,如果它给你力量对付灾难,你与上帝的关系将对她产生很大的影响。做父亲的美好之处就在于,你可以依据自己的个性,以你独有的方式影响你的孩子。

贝齐的父亲在去世之前,告诉她很多关于上帝的事情。她的父亲患有一种罕见的肺病,呼吸困难。他在生活中是个快活勤奋的人,工作赚钱养活贝齐和她的兄弟姐妹,为此他感到非常自豪。临死前,他吸着氧气对贝齐说:"亲爱的,别为我难过,我爱我的主,我知道他爱我。这是你们真正需要知道的。所以,我走了没有关系,我已经准备好见他了。"父亲的话让贝齐平静下来,这是他送给她的一件礼物,让她能够克服忧虑和悲伤。

除了诚实,我们还要有前进的勇气,不要仅仅满足于相信上帝存在,你的女儿想要更多,所以给她更多。了解上帝,使了解的过程成为一种智慧之旅,将你的信心反映到行为之中:要更有耐心、更善良、更有自我控制、更有爱心。科学研究表明,高度虔诚的青少年比不那么信仰宗教的青少年生活过得更好。

无论你是否意识到这一点,是否想要去做,你都需要教导女儿关于上帝和信仰的问题。她会向你寻求答案,并将你作为信仰的典范。研究已经清楚地表明,在精神和宗教方面,父母对女儿的影响最大。即使你可能会回避这些问题,然而,与其让你的女儿在这方面征求男朋友、邻居或者其他权威人物的意见,不如做父亲的你本人亲自告诉她更好。如果没有必

第 8 章
教导她信仰是什么

要，不要把事情复杂化。如果你不是研究《圣经》的学者、牧师或拉比，不妨去找一位，让他帮助你教导女儿。如果你学会了祷告，她也会学会。如果你有改变，她也会。而如果你真正爱上帝，她也会爱，没有什么会比热爱上帝更能让你们亲近的了。

Chapter 9
Teach Her to Fight

第 9 章
教给她如何战斗

你可千万不要让你的女儿置于不得不屈从于压力和欲望的境地——如果你没有告诉她如何控制自己的冲动,尤其不要这样。做她的盟友。告诉她,肤浅的女性才会总是响应自己的感觉。你希望她的感情有深度,有智慧,同时拥有体力和精神实力,前提是开发她的头脑,管教她的意志。

第9章
教给她如何战斗

我的丈夫是个怪人。他讨厌旅行，喜欢在我家周围的树林里转悠，一待就是几个小时。当他还是达特茅斯的一名大学生的时候，他做了一个冰屋，周末的时候睡在里面（当然，只在冬季这样干）。他参加各种类型的长距离比赛：自行车、越野滑雪、跑步，甚至还有独木舟。他已经完成了几个超马拉松比赛。他的缝纫技术高超，为女儿们缝制过羊毛格子大衣，这是为了在她们陪他研究那些树木的时候不觉得寒冷。通常，他每晚只睡五六个小时，有时候还会读陀思妥耶夫斯基的作品直到凌晨。他不喜欢给草坪浇水，所以，每年夏天，有朋友过来的时候，我家的草坪总会令我尴尬。他驾驶一辆破旧的蓝绿色皮卡上班，保险杠的贴纸上写着"BARF"（亚美尼亚的一种洗衣粉）。而且，他的病人不止一次地给他买过新鞋。

我们会分享各自的医疗经验，朋友们经常会问，我们是如何处理好既是业务伙伴，又是生活伴侣的关系的。我发现这个问题挺难回答。有共同的病人当然比有共同的小孩更容易。我们可以心平气和地提出自己在医疗方面的不同意见，因为不同的专家有不同的看法是很正常的。然而，在我们是否应该体罚孩子等家庭问题上，我们会各不相让。一起做同事非常容易，我们有着严格的专业分工。但需要我们一起来解决孩子的事情时，局面就会变得一团糟，我们都固执地认为，应该按照自己的方法养育孩子，我们的愿望、信念和情感决定了我们会选择不同的立场。我俩都是脚踏实地、性格倔强的人，我们有四个孩子，其中的三个大学还没毕业，需要我们支付学费，你能想象出我们的对话是什么样的——特别是当我和丈夫讨论应该如何对待孩子的时候。

我们刚一结婚，我就感觉到我丈夫的一些习惯需要改变。例如，他锻炼过度，还有，他在家工作的时间太多，这些习惯让我感到孤独，因此，我制订了一个计划。

我们结婚的头十年，我研究了他（我毕竟是个科学家），总结出我认为他需要改变的地方，我编写了一张冗长的、不成文的列表。然后，在第二个十年，我帮助他一项一项地改变。他"需要"总是在锻炼吗？不，我不这么认为，因为他有四个孩子和繁忙的家务。他需要当工作狂吗？不要在我家这样。如果他上班时有时间耐心听所有患者（其中很多是我的女性友人）的倾诉，那么他一定能够在回到家以后放下电话，关掉电脑，离开架子上的医疗书籍，和我说话。

在这场战役中，我赢得了一些战斗，也输过一些。最后，在我们婚姻的第三个十年，我决定认输，不去管他。我现在后悔强迫丈夫改变，因为这显得我非常自私。我总是说些你们可能经常听到的话，比如："我需要你多陪我"，"我需要你多帮助我应付孩子们"，"我希望你和我能更好地沟通"。大多数女人都有这些想法，它们让我们心烦意乱。我们希望自己的生活更简单，我们认为"如果他能这样做，我的生活会好得多，要是他能明白这一点，我的人生就丰富得多"。

十五年前，我指责丈夫自私，却没有效果。他的一个习惯令我恼火，每到星期六，他会从车库走进屋子，脚上穿着骑行鞋，鞋底的金属敲打着地上的瓷砖，问我："你介意我去骑个自行车吗？"这是个荒谬的问题，因为他的哥们正穿着鲜艳的骑行服在车道上等他呢。

十年前，我恳求他留在家里帮我照看跑来跑去的孩子，没有效果。五年前，我平静而温柔地告诉他，如果他不放纵自己那些自私的想法，就能

第 9 章
教给她如何战斗

更加享受生活,同样无效。现在,每当星期六上午快来时,我会简单地说:"祝你玩得开心。"这样,我们俩都会很开心。

当他想骑自行车,就去骑自行车的时候,他就是他的自我,而且,他是个好人,一个非常好的人。我已经拥有了想从他那里得到的东西,我需要放弃的是想要改变他的痴迷——我丈夫知道如何将小麦从谷壳中分离出来——而女人往往忽视这一点。

女人真的比男人更重视感情,感情会让我们不断地想从丈夫那里得到更多。我们醒来时可能会想:"如果我丈夫能多注意我一点,我的生活会好得多。"

然而丈夫们也是有感情的,他们有时也会变得很崩溃。比如,你是否想过:"我就是不能让妻子少注意孩子,多注意我,她表现得就像孩子们似乎没有父亲一样。"

女人更想拥有热烈的关系,男人下班后则喜欢享受安宁和平静。这样一来,在共同的生活中,双方都会觉得缩手缩脚。

不满、挫折和焦虑是人类经验的一部分。但如果我们能够理解驱动着我们的内心的激情,生活就会有所改观。你并不需要精神或心理知识来了解这些激情,所有你需要做的只是辨识出一些能够促进我们的行为并能极大地改变我们生活方式的激情。

为什么这些对于做父亲的你来说具有重要性呢?因为,你要明白,你的女儿的情感中挤满了冲动,如果付诸实施,可能会导致她走向自我毁灭。作为一个男人,作为她父亲,你的工作是帮助她经常审察自己的情绪。这是很简单的事,但需要巨大的毅力。而且,必须是你来做,因为你会比她妈妈做得更好。她的母亲善于感同身受,而你则善于引导。比起她自己,你能够更真实、更客观地看待你的女儿。我无需过分强调你的女儿多么需要你的指导和权威。从她学走路开始,你的女儿的情感——除非有坚固的护栏——就有可能成为阻碍她获得幸福的威胁。

我在夸大事实吗?不妨先研究一下她的大脑再来做判断。根据生活经验，你应该知道，我们的激情会驱使我们做（或者考虑去做）一些事情，但我们知道自己不应该做这些事。你已经学会了如何对付你的激情，如何控制它们。有时候，你控制得很好，有时候却会搞砸。关键在于，你了解内心世界的斗争，而她不明白，她能够感觉到紧张，但不知道是怎么回事，有时候她甚至无法辨明情感与欲望的矛盾。

所以，你首先要培养她的是如何评估自己的冲动：它们是好是坏？能否让她更坚强或者更软弱？然后，你必须帮助她找出哪些应该清除掉的思想、情感和欲望。帮助她理清思维，并保持思维的简明。

如果你愿意行动，就教给她如何战斗。让她知道，你和她在同一阵营，你会不遗余力地保卫她不受对女性不友好的恶毒文化的侵害。

尽早培养她

幼儿在会思考之前，就已经有了感受。本能是感觉的形式之一，本能使他们在饥饿或疼痛的时候发出哭声。你会对她的哭声有所回应，因为你不喜欢听女儿哭。从她出生开始，你的女儿就会对她的感觉做出反应。当她蹒跚学步的时候，思维就开始形成，意愿也开始出现，她开始做一些能够促使你回应的事情。请注意观察她的身体语言。

一岁的她正在学走路，她会自己决定爬楼梯。她知道自己不应该——因为你告诉过她很多次"不"，但她还是跨上了一级台阶。接着她会怎么做？她转过身来，看着你，等待你的回应。她蹲在第二级上，想着："我应该爬上去还是不应该？"因为太小，她无法权衡所有利弊，只会做自己想做的。所以，她开始向上爬。她的行为是由欲望驱动的。你会怎么做？你要么走在她的身后鼓励她，要么迅速地说"不"，然后把她抱下来。由你决定。你知道什么对她有好处，她不知道。

好了，你可能不想听这些，但是，她学走路时表现出来的东西，可能在她十六七岁的时候仍然会表现出来：她想要做自己想做的事情（或者别

第 9 章
教给她如何战斗

人说她应该做的事情)。那时,她的思维能力仍然没有成熟,无法理智和抽象地考虑问题。如果你家有十几岁的孩子,就会知道他们的逻辑,他们可能真的开快车冲下一条坡道,只是想体验一下那是什么感觉,而不会觉得自己可能以八十英里的时速撞到墙上。

从你的女儿思考她想要做什么开始,你就要挑战她的思维,质疑她的行为,从而让她在十几岁的时候自然地来问你:"爸爸,我真的想这样做,但你觉得我应该怎么办?"虽然你的女儿知道她的真实感觉,但在做决定的时候,还是你明白什么对她最好。

请帮你女儿在感觉、理性和意愿之间取得平衡。不要只是说说,做个示范而已,你要以身作则,向她展示如何找到平衡。理智、经验和道德标准帮助我们决定该做什么。作为父亲,你的责任是向女儿提供道德指南针,在她谈论感觉的时候,成为那个理性的声音,向她展示意志力的强大和道德感的重要性。你要明白,你的女儿的很多冲动将会受到挑战。许多家长错误地认为,青少年的认知能力足以靠自己"做出正确的选择",然而,与理智相比,他们的行为在更多情况下是由感情驱动的。你不仅要帮女儿做决定,还要尽早训练她依靠你的决定。如果学不会尊重你的帮助,她就永远不会擅长别的任何事,因为你是那个决定她的抱负和目标的人,你还是那个教导她把感情转化为可行之路的人。

在幼儿园,你的女儿可能会不断地踢另一个女孩的椅子,或者当着老师吵吵闹闹。如果她觉得有些烦躁,就会踢踢打打,当她想按着自己的方式做事,就会向老师发出抗议。她失去了控制,而且能够感觉到自己失控了,尽管她看上去是个倔强的孩子。就算她被激怒,你的女儿也需要你来帮她把情感和行为分开。一遍又一遍地教导她:不应该总是对自己的感觉做出回应。让她练习。如果她学会了如何做到这一点,就能与他人相处得更好。同样重要的是,她会觉得能够在很大程度上做到自控。

有些好心的父母告诉女儿,她们的感情是很重要的,而且,她们有自由"选择自己的方式"。对这些女孩而言,灾难随时都可能出现。不妨设想一下你十几岁的女儿。当男孩给她打电话（当然是打给她的手机，所以你听不到对话）、发信息的时候，因为得到了别人的关注，她会觉得很有趣，觉得自己似乎长大了，更成熟了。似乎在突然之间，她"需要"在星期六的下午和某个男生一起去看电影或者逛商场。她会和他煲几个小时的电话粥。而那个男孩，有一些抽烟喝酒的朋友，但你的女儿坚持认为他是个好孩子。你有点担心，不知道她为什么要和这帮人在一起。接着，你会因为产生这样的想法而感到愧疚，所以，你邀请他到你家来，看看他究竟如何。（父亲们请注意：无论如何，一定要见见你女儿的约会对象。）

他看上去还不那么讨厌——除了他的印着海绵宝宝图案的四角内裤从牛仔裤裤腰上露出了一大截，他的牛仔裤也像要从屁股上滑下来一样。"那样不会不舒服吗？"你默默地想。但是，当你看到女儿和他在一起时，她像是变了一个人，她非常能说，非常能笑，看动作简直是要勾引他一样，她不停地碰他，像是要挂在他的身上。为什么呢？因为跟他在一起时，她的身体被情绪接管，意志力蒸发掉了。即使你曾经很好地教导过他，她的情绪和希望自行决定的"需要"仍然会在那一刻控制她。如果你告诉她，应该根据自己的感觉做出选择，那么，你就麻烦了，而更糟的是，她会遇到麻烦。

当她年纪大一点的时候，大学生活会成为新的挑战。你需要了解当下在大学校园里发生的事情。虽然你也上过大学，但现在大学校园里的道德风气还是会令你震惊。我的一个病人是密歇根大学大一的优等生，他告诉我，所有新生每天都能免费得到七个安全套。如果想要更多的，就得花钱去买。

我提到这一点，不是为了辩论婚前性行为是否正当，而是要告诉你，今天的大学正在迎合那些失控的性欲望（每天七个免费安全套？）。所以，毫不奇怪的是，未成年人饮酒成为大学校园里的严重问题，而且，一些研究人员现在把大学里的性活动频率与妓院相提并论。最近，布朗大学的一些学生喝醉了，在屋子里裸体跳舞（有全裸，有半裸，参加的人可不止五到十个），有的人实在醉得厉害，以至于被送到了当地的急诊室。他们的父母每年要为此支付四万美元。

在校园里，正确行为和错误行为的概念——当论及性、酒精和毒品时——已经消失了。我们发现，青年男女完全被欲望控制，走向自我毁灭。最残酷的是，有那么多成年人袖手旁观，我们只会耸耸肩，说："好了，孩子毕竟是孩子。"

你可千万不要如此，不要让你的女儿变成那样，把她置于不得不屈从于压力和欲望的境地——如果你没有告诉她如何控制自己的冲动，尤其不要这样。

做她的盟友。告诉她，肤浅的女性才会总是响应自己的感觉。你希望她的感情有深度，有智慧，同时拥有体力和精神实力，前提是开发她的头脑，管教她的意志。

随着年龄的增长，她的欲望也会增强。因此，你需要尽早开始，但永远不会太晚，从她的角度来看尤其如此。她想要你的指导，希望你和她讨论她的决定——即使她口头上可能表示不希望。所以，不要听之任之，否则，她会被欲望毁掉。不要让它发生在你的眼皮底下。

阐明你的道德观（理直气壮地）

即使你的女儿已经快二十岁，甚至二十出头了，她的大脑、能力和理性思维仍然没有完全成熟。除了倾听，与她沟通的关键是，非常清楚地阐明你要说的话和你的期望，避免信息混乱，或者给她太多的选择。当然，孩子可能与你对着干，但不要顺着她。你的女儿可能希望有更多的选择，但她无法像你那样处理好这么多的选择。事实上，选择太多，指导太少，可能会让她觉得困惑和无力。

给她一套明确的道德准则。要做到这一点，你需要在你的心中建立一套明确的道德观，最好在你的生活中也要践行。如果你不希望她说谎，当别人打电话给你，你不想接听时，不要让她告诉对方你不在家。如果你想让她讲话彬彬有礼，先管住你的舌头，不要在家里骂人说脏话，如果你不想让她喝得醉醺醺，你自己先不要喝太多。

孩子们擅长迫使我们偏离自己的道德标准，因为他们想知道我们的生活底线。他们想要真相，希望知道你是怎么想的，他们会观察你是如何行动的。

不要担心如果你严格要求女儿，她就会变得叛逆或者失去个性。我见过很多尊重父亲又有自己的原则的女儿。她希望在父亲身上看到信念和领导力。当年纪渐长，她也许会放弃你的信仰，但她已经知道了你的立场。不要含糊地对她说："嗯，这取决于你的感受，或者你如何看待事物。"给她一条明确的意见，问她是否同意，这样做能够教会她如何思考、做决定和行动。如果你拥有明确的道德标准，你的女儿未来也会建立明确的道德观。假如你缺少道德明确性，你的女儿就可能随大流，或者认为自己未经检验的想法和感觉自然就是正确的。

父母可能犯下的最严重的错误之一，就是为了孩子，模糊是与非的界限。无论流行文化如何，在你自己家里，在你自己女儿身上，你不能涂抹是非的界限，不能将不良行为合理化，把离奇和异常正常化，不能忍受无礼、辱骂或者不诚实，不能对你的女儿染指酒精、性活动和毒品置之不理——只因为置之不理比较容易。

假设父亲怀疑十六岁的女儿在派对上喝酒，却不管不问，理由是，他不能一直看着她，而且"她毕竟没有酒后驾车"；如果他怀疑十五岁的女儿和男友有性行为，但不希望和她谈谈，理由是，"她毕竟没有怀孕"；如果他放任六岁的女儿一边说"闭嘴"，一边走开，理由是，"这很有趣，而且无伤大雅"；如果十七岁的女儿吸大麻，他却为她辩护，说"别人都这么做"——这样的话，他的女儿就会觉得自己似乎并没有做错什么，她赢了。实际上她却输了，因为在每一件事上，她的父亲都辜负了她。做父亲好比做领导，他的责任是决策，是代表你的女儿进行干预，是指引和培养她的人格，从而让她学会区别是非，知道什么时候说不，并让她强大到足以对抗诱惑。这一切都需要你拥有明确的道德观。

你的女儿需要知道你的标准，因为其余的每个人都试图将他们的道德标准灌输给她。下面是一些最常见的行为和说辞，你需要与它们作斗争。

"我需要美丽"

我在这里无需怒斥广告商打着"美丽"的旗号营销产品，你应该亲眼见过并且意识到了，既然你都无法逃避它，你的女儿更不能。你在养家糊口，你的女儿却在阅读《魅力》杂志。"它们是无害的。"你安慰自己。但是，你其实知道，它们实际上左右了很多年轻女性的自我评价。那么，作为父亲，你可以做些什么？

你能做很多事。要知道，早在上小学的时候，她就受到"要看起来完美"的教育。虽然美丽是件好事，你——而不是《魅力》杂志——需要亲自设置相关标准。如果你觉得没有必要，我来告诉你，我曾经治疗过患有神经性厌食症的年仅九岁的小病人。

很多女孩在六年级的时候就开始节食。到了初中，她们会密切关注自己的衣着。外观就是一切。如果她胖，她会觉得难看；如果她身材高挑，她会觉得怪异；如果她矮，她会觉得不够漂亮，因为所有的模特都很高。

高中时，她会买美白牙贴贴在牙齿上，给头发染色（一遍又一遍），花一大笔钱理发，甚至想要整容。如果你住在较大的市区，你会很熟悉这些时髦风尚，对于这一点，家长的责任无可推卸。因为，很多父母出于善意，把整容当成给女儿的高中毕业礼物，这非常普遍。这样的女孩往往到了大学会选择隆胸。

我希望这个错误不言自明，但显然事实并非如此。我只想说，它向你的女儿传达了完全错误的信息，支持了她的肤浅，破坏了她拥有的健康的价值观，究竟要整多少次容、做多大的变化，才能让她变得足够美丽？她应该考虑的是如何在学习、艺术或体育方面出类拔萃，而不是如何满足年

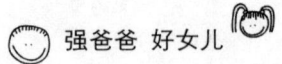

轻人的限制级幻想。

我并不是鼓吹要把女儿打扮成过时土气的老古董，当然不是。想增加自己的魅力是一回事，然而，把年轻女性转化成高级妓女则是另一回事，而这正是整形美容后进入大学的女孩有可能踏入的陷阱。

你的女儿希望自己看起来漂亮，固然无可厚非——前提是在你的指导下。不能让媒体来设定标准，你要亲自设定。不要让她觉得自己应该被流行文化牵着鼻子走。她就是她，不需要任何整形手术，她是因为做自己而美丽。

在范德堡大学读大二的时候，杰基回家过圣诞节。当父亲欢迎她进家门的时候，他从她脸上发现了令他不安的东西。杰基的眼睛更暗更灰，眉毛比平时突出很多。当她脱下大衣，他吓了一跳。她的胸部变平了，透过棉质衬衫，可以清楚地看到瘦骨嶙峋的肩膀。汤姆从未见过这样的杰基。她微笑起来，他小心翼翼地和她拥抱。她看起来像一只雏鸟，连她的手臂和脖子上都布满了细毛。

也许是范德堡大学的压力太大，才让她变成这个样子，汤姆想。不，他分析着，是因为他的离婚，或者与他六年前抑郁症发作有关——也许抑郁症能遗传？或者这说明他不是个称职的父亲，汤姆的工作时间很长，他在会计师事务所上班，他经常感到内疚，因为自己不能多在家里陪伴杰基和她的兄弟们。

圣诞假期快要过去了，汤姆越来越担心，也许她得了癌症或艾滋病。他终日胡思乱想，给同事、朋友甚至前妻打电话。他眼看着美丽的女儿每天早早起来，跟着电视上的视频，锻炼整整一个半小时。他主动提出带她出去吃午饭，然后吃晚餐，她却都拒绝了。她脾气暴躁。她说她的大学生活很顺利。但不知何故，他知道她在撒谎。

"你为什么不怎么吃东西？"一天，他问。

第 9 章
教给她如何战斗

她朝他叫道："不要管我。你真是个控制狂，爸爸！难道你不知道我是一个成年人吗？妈妈对待我就像成年人一样！你为什么不能？我不应该来你家过圣诞节，妈妈提醒过我。"

汤姆的心沉了下去，大脑一片空白。他不知道该怎么想，该怎么做。他给一位医生朋友打电话。她告诉他，杰基可能患有饮食失调。

杰基接受了几个月的强化药物治疗之后，我和汤姆、杰基坐下来谈了谈。她已经冷静下来。汤姆也很平静。

"爸爸，你只是不明白，我觉得自己很胖，我知道你不这么认为，但我明白。'我很胖'这个念头不停地在我的脑子里出现。"她深深地叹了口气。

"杰基，"汤姆坚定地说，"请你再告诉我一遍。"

"什么？"

"你的念头，告诉我它们在说什么，我想听。"他知道女儿的想法是什么，因为他已经听她说了一百万次。但是，这不是重点。

"得了，爸爸，你知道的。他们说我丑。如果我减掉了几磅体重，男生就会约我出去。噢，我甚至不关心那个。我只是不停地觉得，如果能减掉几磅，我就能感觉更好。"

"谢谢你，"汤姆回答，"这些念头不代表你自己，是疾病在对你说话。你能把它们推开吗？你能杀了它们吗？那不是你，亲爱的。你头脑里的那些声音是错的。"

杰基沮丧地低下头，她没有争辩。她知道父亲是对的，她信任他，他很聪明，虽然他犯过一些非常大的错误。他是她父亲——她只有二十二岁，她听他的。

"我很漂亮，我很漂亮。"他吟诵道，示意她也跟着说。

杰基不想说，她也许相信这话是真的，但是，以某种扭曲的方式，饥饿已经成为她的朋友，她害怕失去它。

汤姆静静地等待着。

"我的长相还不错。"杰基终于平静地说。

月复一月，汤姆的工作是想方设法击败杰基脑中的恶魔，他志在必得。

杰基回到范德堡大学，到目前为止，她表现得非常出色。她爸爸治好了她的厌食症吗？虽然不能这样讲，但他的参与是治疗的必要组成部分。

防止神经性厌食症袭击你的女儿的最好办法是，帮助她确定自我形象，经常与她交流。如果你发现她有不好的想法，挑战并击败它们。

"我需要性感"

作为常规检查的一部分，我俯下身来检查我的十二岁病人的腹部。她抬头看着我，说："米克医生，你挂在脖子上的那个东西，它很性感！"

虽然不应该，但我还是惊呆了。

"什么东西？"

"你知道——就是那个你用它来听我心脏的黑色东西，它太性感了。"

更令人不安的是，听到女儿说出这些话，小病人的母亲并没有什么反应，还是坐在角落里看她的杂志。

"性感"这个词现在意味着酷、漂亮、有光泽、魅力四射，甚至"还好"。也就是说，话语可以性感，书籍封面可以性感，甚至桌布也可以性感。

我们每天频繁听到这个词，以至于它变得毫无意义，它只是个词而已，而我们是成年人，拥有成熟的心智。

每一天，女孩们都会看到美丽女人的形象：深开的领口、丰满的乳房、暴露的裙装下丝滑的长腿、踩着高跟鞋的脚。她们会看到充斥着性内容的广告和电视剧，她们接触的音乐和视频中的性意味远超过去。

在十岁美国女孩的心目中——也包括年龄更大的女孩——性感是她们对自己的预期。

十几岁的时候，你的女儿会在某个阶段着迷于让自己在朋友和男友眼中显得性感。她需要同龄人的认可，渴望过上电视剧和杂志中描述的"酷"生活。她脑海中的声音告诉她，如果她不性感，就一无是处。

你不会希望女儿在上学时穿着白衬衫，红色胸罩的花边却从敞开的前襟露出来，但是，我们的有毒的流行文化却让她这么做。所以，你需要温柔但坚定地教导她，不要打击她希望变得有吸引力的愿望，只要告诉她，谦卑和自尊也很有吸引力。帮助她了解，她的衣着和行为会向男生发送何种信号。让她知道，你知道什么最有益于她，而服装公司不知道。她会因此爱你的。

"我需要独立"

女强人是独立的。她们独立思考、权衡选择并做出决策。好父亲希望女儿"用自己的两只脚站立"，学会为自己着想。

理论上讲，这很了不起，然而，它忽略了我们都依赖于他人这一点——你的女儿也是依赖于你的。

很多年轻女性都吸收了女权主义者的想法，认为女性不需要男性。但我们需要，我们需要父亲、丈夫、恋人、保护者和养育者。这样说并不违背人性的最基本真理。我们需要他人，而女人需要的不只是其他女人。

因此，尽管流行文化告诉你的女儿，她必须是独立的，但你需要确保女儿的独立是一个自然的、健康的心理发展过程（因为它可以而且应该是），而不是勉强的。孩子们必须学习——并且获得——他们的独立。

很多父亲没有重视孩子的青春期，我们接受的教育是，青少年是"捉摸不定"的，青春期是正常、健康的，即使它意味着你的女儿会经历一段喜怒无常、脆弱和失控的时期，你只需要"给她空间"即可。

作为一名与青少年打交道的医生，我知道这一切是完全错误的。青春期在生物学上并不正常，是的，你的女儿会在青春期发生变化，但这是些物理变化。而所谓的青春期叛逆和独立，则无法用生物化学来解释，在某种程度上说，这些概念是现代营销手段的编造，因此你的女儿没有必要接受这些定义。

认为家长应该给青少年独立空间的想法只会让商家更容易地把产品卖给你的女儿，并且导致或者加剧我们所谓的"青春期问题"。

你女儿在十三岁时，甚至比在六岁的时候更需要你。所以，要时刻为她做好准备。

"我需要更多"

这一点比较简单，但也被普遍忽略。当孩子说"求求你了，爸爸，我需要……"的时候，父母会觉得很难拒绝他们。孩子要的东西会从玩具开始，慢慢变成 CD、自己房间的电视、名牌牛仔裤什么的。问题不在于拥有这些东西，而是认为这些"东西"会让他们更快乐。过去，父母本能地知道溺爱孩子的危险。如今，需要提醒父母的是，屈服于"我需要"，会导致孩子进入不停追求难以捉摸的幸福的恶性循环，使他们变得贪婪、焦虑和卑鄙。

你的女儿真的需要更多的玩具、自行车、牛仔裤和鞋子吗？当然不是，你知道的。她需要明白这一点。所以，请用行动教会她。

"我无法说不"

如果你的女儿很敏感、真诚，也很善良，你就需要注意一个严重的问题。除了自律和智慧，每个父亲都希望女儿表现出这些品质。这些都是令人羡慕的品性，但你不能对此掉以轻心。

善良的女孩希望取悦别人，敏感的女孩会努力得到父亲的认可。为了得到人们的关注和喜爱，她们往往都会走极端。请一定要认识到这一点，安抚你的女儿，告诉她，她已经让你非常幸福了。问题在于，她的善良会让她不愿意拒绝朋友——她会发现自己很难说不，她的朋友们可能会利用这一点。

我们固然应该鼓励女儿做善良的人，但也要培养她坚定的品格，能够说不，并且说到做到。教导她按照最适合自己的方式行动，让她练习说不，告诉她，做善良的人，最重要的是遵循你给她设定的道德标准。不妨为她设想一些场景，让她回答应该怎么做。如果她去朋友家借宿，发现她

第 9 章
教给她如何战斗

们在看诸如《致命吸引力》这种不适合她看的电影,她应该离开房间给你打电话。你知道,这对她来说难以做到,她不希望得罪朋友,但是,请让她知道,她最需要取悦的人是你和她的母亲,不是她的朋友——她们及其父母的道德标准可能与你不同。你的女儿需要礼貌地站出来,维护她自己的标准——就是你给予她的。

❖ ❖ ❖

安德莉亚十八岁,上高三,两个月后,她就要去上大学了。他父母出城度周末时,把她留在家里,和一个女性朋友做伴。安德莉亚的朋友给一个男孩打了电话,请他过来。不久,大约三十个孩子来到安德莉亚家喝酒开派对。安德莉亚感到内疚和恐惧,她要求大家离开,但他们不走,还把音乐声音调大。一个男孩喝醉了,摔下楼梯,弄坏了栏杆。另一个男孩开始在客厅扔球,结果打碎了窗户。

然后警察就来了。大部分孩子在警察上门之前四处逃窜。安德莉亚没有。她留在那里打开了门,告诉警察发生了什么。警察问她是否喝了酒,"只喝了一点。"她说。酒精测试仪表明,她说的是真话,但她和她的五个朋友这次在警局留下了案底。

她的学校得知了这件事,她被从校田径队除名。她准备秋天去报到的大学也得知了此事,她只能先到校试读一年,以观后效。

她的父母不应该把她单独留在家里,安德莉亚太善良了,不擅长拒绝别人。

❖ ❖ ❖

家长们经常告诉我:"我的女儿是个非常好的孩子,她知道对错,明白喝酒有害。如果她去参加派对,我毫不怀疑她会做正确的事情。"

然而,我也看到许多很好的孩子陷入了麻烦,因为他们不知道如何说不,而他们的父母没有为他们遇到相关情况做好准备,他们认为,青少年能够做出成年人应该做的决定。如果你的好女儿希望取悦她的朋友,你必须假定,她朋友做的事,她也会做。

最后,请记住,善良的女孩也会死于车祸,会怀孕,爱上坏男孩。所以,教给女儿说不,甚至能够挽救她的生命。

Chapter 10
Keep Her Connected

第 10 章
与她保持连通

你的女儿需要你做的，只是花时间陪她而已。把你自己当作女儿的大本营，她需要一个地方停留、定居、养精蓄锐并且记住自己是谁，那里是她的起点，也是她的目的地。她需要一个休息的地方重新恢复活力，你就是那个地方。

第10章
与她保持连通

"你疯了吗？"我对丈夫说。他不理我。他轻轻走进孩子们的卧室，小声说："过来！我有东西给你们看！"那时是凌晨一点半。

我站在楼梯的顶端看着。孩子们一个接一个地出来了，他把他们领到外面的门廊里，关上了身后的门。孩子们在外面站了一个小时，凝视着天空中闪烁的极光。当时虽然已经是六月份，但夜晚依旧寒冷，以至于我能看到他们鼻孔中喷出的白气。我想责备我的丈夫，因为这样可能会让孩子们得肺炎，但我没有开口。

在黑暗中的那一个小时，大家都没有怎么说话，我们只是颤抖地遥望着夜空中那灿烂的绿色和红色的"瓦楞板"（极光看上去真是这样的），然后，我们都蹑手蹑脚地上了楼，回到温暖的被窝。

我却难以入睡。极光是美丽的，但孩子们第二天如果要参加拼写测试怎么办，他们上课睡着了怎么办？我在床上辗转了半个小时。

现在，我已经忘记了那一年孩子们的成绩如何，更不记得他们第二天做了什么。我不记得是因为它们不重要。重要的是，四个孩子都记得，父亲急切地想要与他们分享奇妙的东西。他们记得和父亲一起坐在冰冷的地上——真是美妙的经历。

心理学家、医生和研究人员花费无数的时间和金钱，研究怎样能够让孩子走正路——远离毒品、帮派、酗酒和性活动。那么，他们的最终发现是什么？就是父母们已经知道的道理：你就是孩子走上卓越和幸福之路的关键。

简言之，就是父母与孩子的连通：母亲和父亲住在一起，两人花时间陪伴孩子。对女儿而言，没有人比她的父亲更重要。

你并不需要阅读所有的研究结论和心理学方面的书籍就知道该怎么做。那个寒冷的六月夜晚，我家的小姑娘们就完美地与父亲连通了。

你的女儿需要你做的，只是花时间陪她而已。把你自己当做女儿的大本营，她需要一个地方停留、定居、养精蓄锐，并且记住自己是谁，那里是她的起点，也是她的目的地。她需要一个休息的地方重新恢复活力，你就是那个地方。

工作，娱乐和计划

父亲们喜欢在家以外的地方做事情，所以我给你一个提示：带着你的女儿。教给她如何组装发动机，带她去钓鱼或者远足，或是去博物馆，带她出去吃晚饭。当然，这不是把她变成一个男孩，但你要让她陪你做你喜欢做的事。这会帮助你敞开心扉，与她分享你的兴趣。她会看到自在和热情的你。户外活动的伟大之处在于，可以自然地交谈。尤其是今天，这么多的孩子生活在网络和手机的虚拟空间中，进行面对面的真实交流比任何时候都重要。

我们的国家是一个孤独的国度，人们渴望真实的关系。我见到的90%的孩子（和家长）都因为深度孤独而表现出一定的抑郁症状。精密复杂的电子网络也有缺憾，没有什么能够代替另一个人活生生的存在。

专家会告诉你，我们对别人传达的大部分信息不是来自我们说了什么，而是来自我们的身体语言。女性对身体语言比男性更敏感。所以，当你和你的女儿在一起时，请专注于她。不要在带她出去吃饭的时候不断地看向旁边的桌子。她会发现的，如果你这样做，她不会觉得受到了重视。

彼得和伊丽莎白喜爱体育和户外活动。伊丽莎白上四年级时，她开始参加田径运动。彼得下班回家后，会带着女儿到树林中散步，或者去高中的操场上慢跑。伊丽莎白在赛道上表现得越出色，彼得就越自豪。

学生们会在某座小山上的一条俯瞰四车道高速公路的坡道上比赛跑步，我的女儿也会参加。有一次，我站在那里朝高速路上看，在半英里远的地方发现了一个大块头、灰色头发的骑自行车的人，我最终认出那是彼得。

他似乎刚下班，还穿着上班时的衣服——卷起袖子的白衬衫，领带，宽松的裤子，裤腿塞在黑色的袜子里面，不戴头盔。汗水浸透了他的衬衫，他骑着自行车爬上陡峭的山坡。

他终于来到了赛道上，停好自行车，还未整理蓬乱的头发，或是把裤腿从袜筒里掏出来，就向赛道远处张望。

伊丽莎白还没开始跑，她盘腿坐在草地上，看着同学们比赛。当她看到彼得，就站了起来，快步走向他。他大步迎过去。接着，身高将近一米九的他俯身抱住女儿的腰，把她朝空中一抛。她在他头顶尖叫着，像一只布娃娃。他接住她，抱着她转了一圈，又搂了一下。然后，她跑回了赛道，接下来就轮到她比赛了。

没有任何言语，彼得就是通过这样与伊丽莎白的连通，加深了他们之间的关系。是彼此的陪伴使他们的关系更加牢固，而不是跑步。最生动的一幕是彼得见到女儿十分高兴，把伊丽莎白抛向空中的时候，他没有问她比赛如何，也不在乎自己的衣着和外貌。他迅速地、默默地传达给女儿一个信息：你非常棒。就是这样，这就是连通。

虽然大多数母亲无法把体重五十磅的四年级学生抛到半空中，但我们可以与他们谈心。大多数母亲不会带女儿钓鱼，或者帮她们鼓捣引擎。而

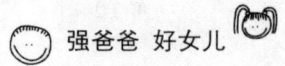

父亲们会这样做,那就去做吧。你和女儿都需要远离杂务和家庭作业,花时间一起玩乐。

孤独的青少年

如今的父母都希望自己的孩子拥有手机,以便可以随时与他们保持联系。我们希望他们使用电子邮件,以便他们在外地上大学时经常与我们交流。

因为音乐能刺激大脑的发育,所以我们在孩子很小的时候就给他们播放 CD,当他们长大一点,又给他们买 iPod,然后,他们毕业时,又会得到黑莓手机。

现在,大多数美国家庭都会为学生或上班的人准备一台电脑,因为我们过于依赖网络和文字处理软件。很多孩子的房间里有电视机,较大的孩子不仅有电视机,还有笔记本电脑、手机和音响系统。孩子的卧室已经成为温馨的电子避风港,引诱她们玩乐、放松,或者与朋友"联系"——每次长达几个小时。

与过去相比,孩子们更频繁地沉浸在电子产品的世界里,这就是生活现状。然而,它会带来一些非常严重的心理风险。虽然孩子们认为自己是在使用电子设备与朋友联系,但在使用电脑、手机或者 iPod 的时候,他们实际上是孤身一人,并非与任何人面对面。虽然不能否认电子设备是真实关系的载体,但他们的活动范围严重受限,这里面甚至蕴含着风险。

想想你女儿。假设她是个十四岁的普通女孩,放了学,跳上一辆公共汽车,给朋友打电话。她们聊的都是一些奇怪的、无厘头的事情。她看不到朋友,只是在脑海里想象她的样子,如果对方笑了,她就联想她的笑容;如果她们吵起来,她就想象朋友的怒容。她感觉她们好像在一起,但事实并非如此。

然后她回到家,打开即时消息软件。几个她认识的女孩上了线,她们开始聊天。她虽然在说话,却没有人听到声音,所以,连想象的空间都没

第 10 章
与她保持连通

有。她在与人交流，但载体是各种拼写错误的单词和神秘的缩写。当然，词汇的力量是非常强大的，它们可以激发情感，也能安抚心灵，但前提条件是良好的沟通——而使用即时消息软件的青少年往往无法实现良好沟通。

现在她下了线，到卧室里休息或者做功课。她戴上耳机听 iPod，音乐进入她的耳朵，她不再和任何人交流了。

晚饭后，她登录电子邮箱，发出一封邮件，邮件出现在别人的屏幕上，她虽然在沟通，但还是孤身一人。

如果你的女儿是个典型的青少年，她每天会花六到八个小时使用各种电子工具。父母们往往不介意，因为如果孩子在摆弄电子产品，父母就有时间远离孩子，做自己的事，比如付账单、打电话，甚至只是看报纸。因此，尽管电子产品可以帮助你把事情做好，也会大大减少你花在孩子身上的时间，这本身就伤害了你与女儿的关系。

而且，你的女儿并不是和别人建立了真实的连接，使用电子邮件不如即时消息软件现实，即时消息软件不如手机，使用手机则远不如面对面的交流现实。

大多数美国女孩喜爱即时消息（IM）。女孩不仅比男孩话多，而且打字也更多。在 IM 上，可以用问号、感叹号和笑脸装扮词句，她们的语言可以变得非常可爱和有趣，但也远没有真正的接触生动有力。你可能会发现，经过一段时间之后，你的女儿将很难与你在汽车、房间或餐厅里说话，因为面对面的冲击力太大，令人恐惧，而她太习惯于电子方式的隐匿性。当她看到你的脸，会对你的感受或想法一览无余。现实生活对她来说变得过于刺激，声音太吵，触摸太奇怪，眼神交流太令人绝望。对于她来说，你是一个遥远而可怕的人物。

不要让这种事情发生。当然，我们没有必要驱除电子产品，但要确保女儿的上网时间和与你相处的时间取得平衡。只打电话还不够好，你们需要在一起。这对保持她的情感健康、智力发展和身体发育至关重要。你需要认识到，你的女儿和你所受到的教育是非常不同的。传统观点认为，男人往往不善于和女性相处，但我现在不太确定这句话是否仍然正确，至少不适用于父女之间。你会花上几个小时，与人面对面地交谈，而她则在聊天室里消磨时光，两种方式哪一种更真实，对你而言非常容易判断，但她却不会总是认识到这一点。

因为你是在与电子设备竞争，所以，请尽量地和屏幕抢夺你的女儿，不要忘记，与手机、电子邮件或者聊天室相比，你是一个更好的沟通对象，当你的女儿生病住院时，这些东西是无法安慰她的，它们也不能陪着她走过红毯，走向她未来的丈夫，而你能。

除了窃取你和女儿共处的时间，电子通讯还给你的女儿带来另一种危险。它们鼓励缺乏真实性的沟通。为此，IM已经创造了一个虚拟世界，在这样的世界里，孩子们可以随心所欲地说谎，因为无需面对面。至于说谎的原因，有的孩子是出于恶意，还有的是纯粹为了好玩。他们还会讲粗口。女孩在IM上对男孩说的一些话，在两人面对面的时候，她是绝对说不出口的。有人还会和朋友参加"虚拟性爱"，甚至和班里面只说过几句话的同学一起玩这种游戏。电脑让他们失去了禁忌。

大多数女孩讨厌脏话，但在IM上，她们却毫不介意，因为脏话、半真半假的玩笑、彻头彻尾的谎言可以让她们假装自己是另一个人。而语言色情也是IM世界的一部分，对于年轻女孩来说，它看上去是有趣和无害的。但是，如果你多了解一些，就会知道电脑屏幕上的东西会使人陷入真实的麻烦。

所以，让她与现实保持接触，对她坦诚相待，也期望她能够对你坦诚，不要让电脑挡在你们之间。

在压力下生存

没有人喜欢自找压力，但共患难可以建立强有力的人际关系。如果你的生活中有压力——谁的生活没有压力呢？——你可以借此加深与女儿的联系，比如共同解决问题、完成计划（甚至做更简单的事，例如露营时修补帐篷，修理坏了的引擎等等）之类。请看艾略特和希拉里的故事。

艾略特七十岁的时候，从普通外科退休了。他不喜欢退休生活，他既不擅长打高尔夫，也不愿意钓鱼或者在家里修理东西。所以，百无聊赖的他，请四十六岁的女儿希拉里(她也是医生)陪他到尼加拉瓜义诊两星期。她同意了。

两人来到了尼加拉瓜。艾略特喜不自禁，希拉里却担心着厕所太脏、水不能喝，以及恼人的虫子。但艾略特无视它们。希拉里怕艾略特受不了当地的炎热、患上热带病或者伤了胳膊腿，而且必须返回美国治疗。但艾略特却毫无挂虑。

在用几天时间收集必需品，深入到乡村地区之后，他们和他们的团队成立了一个诊所，可以在那里诊断病人。如果有人需要手术，就开车送他们到最近的医院去。

一个女人的子宫里长了个柚子大小的肿瘤，两个年轻人有腹股沟疝，还有睾丸包块。艾略特喜欢操着蹩脚的西班牙语给病人看病，他很兴奋。

那是因为他还没有看到所谓的"医院"。希拉里和一名擅长麻醉的护士陪着他，开车来到一条土路上，医院就在那里。艾略特倒吸了一口凉气。这是一座废弃的建筑，没有电，但至少有自来水，穿过一条没有门的走廊，公交车司机礼貌地把他迎进一个六七平方米大小、只有一扇窗户的房间。屋子中间有一张钢制的手术桌。天花板上有一盏大灯，没有灯泡，玻璃灯罩已经四分五裂。艾略特开始出汗。

走廊里，第一位病人——一名得了疝气的年轻男子——正在等待。

希拉里看到她父亲的脸色铁青。她深吸了一口气，说："来吧，爸爸，你能做到。疝气很容易治疗，这是你一直告诉我的。我们可以完成这件事。"她指指已经开始摆放药品和便携式氧气设备的护士。

"这儿太脏了。感染了怎么办？这个可怜的家伙会死于感染。"

"不会的，爸爸。我们需要一步一步来。我有静脉药物、注射液和一些止疼药。我来照料一切，你只要做手术就可以。"

希拉里示意病人再等几分钟，他们开始准备。她擦了擦桌子，从行李箱里拿出无菌器械、隔离衣和窗帘。她觉得自己在发抖。房间里又热又潮湿。

但他们没有停手。艾略特处理了第一个病人的疝气，然后又治好了另一个；接着，他取出了女人的肿瘤和男人的睾丸肿块。每隔几分钟，他就要用袖子擦擦额头上的汗，这不符合无菌规定，但他别无选择。因为没有空调，艾略特有好几次觉得自己会晕过去。希拉里密切注视着他和他的病人。三天的手术过去了，十二位病人中，有一半出现了感染或无法控制的疼痛——艾略特受够了。

他和医疗团队坐在一起吃晚饭，吞咽着青豆罐头和热土豆。干净的水所剩无几。

"我受够了，"他宣布，"对不起，我不能再这样做了。我没法把手术做好，我的病人被感染了，我这是在害他们。"

艾略特是得克萨斯人，身高一米九。他哭了起来。

但是，他的团队告诉他不要放弃。希拉里也特别鼓励她的父亲，她说，虽然她不是外科医生，但她对手术很懂行，所以足以协助他，特别是在他觉得很累，需要坐下来的时候。

于是，艾略特与他的女儿肩并肩地做手术，他们完成了两周的义诊。最后，他觉得身心疲惫，便登上了回美国的飞机，在路上也没有说话，因为太累了。

现在，希拉里会告诉你，虽然她父亲已经去世了，但自从那次旅行之后，他们的关系变得非常亲近。小的时候，她经常给父母添麻烦。但她知道，她父亲是个好人，非常好的人，而且，自从他们一起在尼加拉瓜工作之后,她觉得非常荣幸能够与父亲这样的人一起生活。她看到他尽自己的最大努力去帮助别人,而她曾经帮助过他——他也希望她在他的身边。"他了解我,他爱我,有这样的爸爸,我还能要求什么呢?"

你能与你的女儿连通吗?当然可以。不要想得太复杂,只需把它当成日常生活的一部分。让女儿帮你做家务,或者带她看电影,到别处做义工,等等。但无论你们做什么,都要专注于她,倾听她的意见,不要让工作和成见分散你对她的注意力。毕竟,对你而言,她比什么都重要。

后 记

每一天都是一个新的挑战。日常的工作是辛劳的，而支持我们走下去的，是希望。有了希望，生活会更好一点、更幸福、更平静、更快乐，因此我们的焦虑可能会停止，我们想要"更多的东西"的欲望可能会得到安抚。

我们经常需要面对失望，经常发现自己在追寻那些难以捉摸的"东西"，以为它们会使我们感到更加完整。然而，越是寻找，目标越是遥远，因为我们真正追寻的东西就位于起点，它既不是你的工作，也不是你的爱好，不是金钱或更多的性，它是你的家庭——你的孩子和配偶——和上帝。他们是我们生活的真正核心。能够有此认识的人，一定能找到他们想要的东西，其他的人则不会获得真正的幸福和满足。

问题在于，我们很容易就会失去远见和洞察力，令人分心的干扰和诱惑不计其数，他们拉扯着我们，可能导致我们误入歧途。

不仅成年人如此，孩子们也会受到困扰，很容易走错路。每一天，你的女儿都会面对类似的诱惑，因此，她每天都需要你的指引，以你为榜样，从而理解人生是一件伟大馈赠的道理，从而明白应该如何度过自己的人生。

除非你把这本书上的想法付诸行动，否则阅读就没有任何价值。因此，这里有一些最后的提示，用于指导你实施行动计划。

强爸爸 好女儿

认识你对她意味着什么

当她还是个婴儿的时候,她的眼睛会观察你的脸,耳朵听见你的声音,她所有的感官都在问一个问题:"爸爸,你在这里吗?"如果你在她身边,她的身体会更好地成长。她的智商将开始上升,她会按照正常的规律长大。更重要的是,她会明白,因为你爱她,所以生活是美好的。通过你,她认识了爱,你就是爱的本身。

当她上幼儿园时,她会想你,甚至会谈论你。如果有小朋友说你的坏话,你的女儿会警告他们,她的英雄——你,会到他们家里去揍他们。对她而言,你可以做任何事情。而且,最特别的是,你可以保护她。

进入小学,她需要迎接更困难的挑战,她的世界扩大了,但她还会问你那个问题:"爸爸,你还在那里等我吗?"当她十三岁的时候,可能会涂上口红;十五岁参加拼写比赛;十七岁住在朋友家——因为她受不了你。尽管如此,她的问题没有改变:"爸爸,你在那里吗?"她需要知道的是,答案永远是肯定的。你越不去回答,她越是会自己寻找答案——她可能走向极端,试图强迫你说出答案。

当她有了第一个孩子,或者在三十岁被诊断患有乳腺癌,或是丈夫离开了她和她的孩子们,她的问题仍将是:"爸爸,求你了,爸爸,你在吗?"

如果你让她知道你就在那里,依然那么可靠,对她的爱完全没有改变的话,你就给她上了伟大的一课:生活是美好的,好男人的帮助让生活美好。

睁开你的眼睛,看看她的世界(与你的世界不同)

做父亲绝非易事。你将面对一系列障碍,其中的一大部分与你们所处的文化环境有关,而与你做了什么无关。

首先，学校会把她从你手中带走。学校不好吗？当然不是。但她在学校的经历可能会损害你们的关系。她会听到你不希望她听到的东西，比如对你的信仰的贬损，以及对你本人的批评。她会上性教育课，这门课程也许会伤害她，而当这种情况发生时，她可能会感到尴尬，对你有所隐瞒。她的朋友和同龄人可能会试图从你那里将她拉走。他们会说，现在是二十一世纪了，爸爸能做什么？

你能做很多事，非常多。你也许无法凭一己之力改变流行文化或改革学校课程，但你的言论和行为，你设立的榜样，可以让你的女儿行进在正确的轨道上——或者将她拉回正路。你的影响非常重要，即使你觉得为时已晚，她已经远离了你，不要担心，你可以跑去找她。无论你或她的年龄多大，她仍然是你的女儿，你仍然是她的父亲。

为她的身体而战

到目前为止，最大的危险来自于针对你的女儿进行的性欲营销，若不加以控制，它们会让你的女儿产生一种可怕的自我扭曲感。在小学里，有人就会鼓励她追求性感，观看包含性内容的电视或 DVD。你带她购物时，商店里的音乐、服装、玩具、电子游戏、杂志上都充斥着性，会被她看到。为什么这些图像和信息如此具有破坏性？因为从七岁开始，她的幼小心灵就会产生性意识（无论她是否理解其意义）。如果她在青少年时期开始有性行为，她就会把自己置于巨大的健康风险之中。说实话，我宁愿我的青少年病人（以及我自己的孩子）抽烟，也不希望他们做爱。请想想吧，如果一个十六岁的女孩子抽烟，然后在二十岁时戒烟，她的肺和心血管系统还会恢复，在余生中她可以变得很健康。而如果她在这段时间里经常参与性活动，就很有可能患上性病，她也许会恢复，也许不会，疱疹——无论 I 型还是 II 型——是终身疾病，反复感染 HPV 会导致宫颈癌，而且，生殖器官的感染，很可能造成不育。许多性传播疾病并不表现出任何症状,等到出现严重后果的时候已经晚了。

不要让这种事发生在你的女儿身上,请保护她的头脑和身体。请记住,设置规则无关乎信任——尤其是在孩子处于青少年时期的时候。设置规则、保持警惕是对她的保护,是履行父母的责任,因为她的大脑还没有发育完全。现在,科学家们比十年前更了解青少年的大脑,他们认为父母的权威对青少年的成长至关重要。我们知道,无论一个女孩的性格多么好、智力或平均成绩多么高,她并不具备成年人的成熟心智,她很容易吃亏上当,陷入麻烦,而你可以带她走出困境。因此,一定要亲自见见她的男友,不要让她与他们在晚上单独在外面游荡。宁可过度保护,因为你很可能做的正是正确的事,即使你觉得自己比她朋友的父母过分,也不要觉得内疚,请记住,他们很可能会吃过于天真的亏。与他们相比,你可能显得更严格,但你与你的孩子的关系在未来更有可能不会出现问题。所以,保护她,捍卫她,你的女儿会知道你爱她。

为她的心灵而战

她可能会节食,想要丰满的乳房、苗条的细腰和瘦弱的手臂。她会考虑肌肉是好是坏。虽然你不会,但是她会。她甚至可能着迷于关注自己的身体。这些想法危及她的自我价值感。你需要知道,它们就在她的头脑里,你要告诉她,她是有价值的,因为她是人类,她是美丽的,因为她是她自己。告诉她,她在电视、电影和杂志上看到的很多东西都是谎言和假象。多与你的女儿进行这样的谈话,你会惊奇地发现它的效果有多么好,以及它将怎样巩固你和女儿的关系。在她眼中,你是一个战士,你最精通如何战斗,因为你是她父亲——所以,请进入战场,帮助她。

永远不要让流行文化从你手中将女儿偷走。告诉她家庭是生活的中心、谦卑的重要性和帮助他人的回报,教她超越自己。

为她的灵魂而战

再有就是信仰。你的女儿会询问有关死亡和超自然的事情。内心深处的东西会促使她想要知道上帝是否真实,如果存在上帝,他会是什么样子的。所以,请帮助她,不要躲在后面。就像教她骑自行车、分辨是非、远离毒品那样,告诉她关于上帝的道理。她是一个精神的存在,她想为自己的问题寻求答案。更重要的是,请记住一个简单的事实——信仰对她有益。无数的研究证明了这一点。所以,请深入研究,带她去教堂或会堂,教她祷告,打开《旧约》和《新约》,看看里面写了什么。认识上帝是一个人最重要的智力和精神之旅。不要让她错过。

为你与她的关系而战

你的女儿最想要的,是你的时间。不要担心花时间陪她。许多父亲觉得,为了让女儿感到自己是特别的,他们应该在与她相处时尽量地取悦她,离婚的父亲尤其容易这样想,但你的女儿可能不需要——甚至不希望——你准备什么特别的活动。她只需要你的陪伴,包括与你一起做家务、洗车、一起生活等等。你只需和她住在一起就行。请她和你一起扫树叶、购物或者换机油。让她知道你需要她的帮助。如果她十五岁,想在星期六的下午逛商场,那么,你要么和她一起去,要么不许她去,你可以让她在家帮你收拾屋子。你应该知道的是:她需要更多的时间和你在一起,而不是和朋友相处,所以,请好好陪伴她。

你的女儿需要你的指导,比如,选择运动项目,学习演奏的乐器,上哪个大学,怎么看待性、酒精和毒品。如果她觉得与你亲近,就更有可能做出正确的决定。否则,就没有那么大的胜算。

所以,请保持与她连通:和她说话,陪陪她,享受你们共处的时间,因为她每天都在成长。你能够极大地丰富女儿的生活,她也会为你带来不可估量的回报。

　　有一天，当她长大，你们之间的某些东西将会发生变化。如果你尽到了父亲的责任，她会找到另外一个像你一样的好男人来爱她，为她而战，与她亲密连通。但他永远不会取代你在她心中的位置，因为是你首先出现在她的生命中，而这是作为一个好爸爸的终极奖励。

参考书目

Adler, Mortimer J., ed. *The Great Ideas: A Syntopicon of Great Books of the Western World, Vol. II*. New York: Encyclopedia Britannica, Inc., 1971.

Allen, David, MD. *Shattering the Gods Within*. Chicago: Moody Press, 1994.

Bengtson, Vern L. "Beyond the Nuclear Family: The Increasing Importance of Multi-Generational Bonds." *Journal of Marriage and Family* 63 (February 2001): 1.

Blackman, Maurice. "Adolescent Depression." Originally published in *Canadian Journal of CME*, May 1995. http://www.mentalhealth.com\mag1\p51-dp01.html.

Bradley, Robert H., et al. "The Home Environments of Children in the United States Part 2: Relations with Behavioral Development through Age 13." *Child Development* 72 (November 2001).

Cavanagh, C. Kate. "The Father-Daughter Relationship." A*nnals of the American Psychotherapy Association* 5 (May-June 2002): 28 (1).

Centers for Disease Control and Prevention. National Center for HIV, STD, and TB Prevention, to Visions of HIV/AIDS Prevention. "Young People at Risk: HIV/AIDS Among America's Youth." http://www.cdc.gov\hiv\pubs\facts\youth.htm

Collins, Stuart, et al. "High Incidence of Cervical Human Papillomavirus Infection in Women During Their First Sexual Relationship." *British Journal of Obstetrics and* Gynecology 109 (2002):96-98.

Cox, Melissa R., ed. *Questions Kids Ask About Sex: Honest Answers for Every Age.* Grand Rapids, MI: Revell, 2005.

Crabb, Larry. *Connecting Healing for Ourselves and Our Relationships.* Nashville: W Publishing Group, 1997.

Culp, A. M., M. M. Clyman, and R. E. Culp, "Adolescent Depressed Mood, Reports of Suicide Attempts, and Asking for Help." *Adolescence* 30 (1995): 827-37.

Deater-Deckard, Kirby, David W. Fulker, and Robert Plomin. "A Genetic Study of the Family Environment in the Transition into Early Adolescence." *Journal of Child Psychology and Psychiatry* 40 (July 1999): 769.

DeLamater, John, and William N. Friedrich. "Human Sexual Development." *Journal of Sex Research* 39(1) (February 2002): 10(5).

Dickie, Jane R., et al. "Parent-Child Relationships and Children's Images of God." *Journal for the Scientific Study of Religion* 36 (March 1997): 25-43.

Dickinson, Amy. "Dads and Daughters: Strengthening This Special Relationship Can Strengthen a Girl's Self-Esteem Too." *Time* (May 13, 2002).

Doherty, William J., PhD, Edward F. Kouneski, MA, and Martha Farrell Erickson, PhD. "Responsible Fathering: An Overview and Conceptual Framework." University of Minnesota (September 1996).

Eng, Thomas R., and William T. Butler, eds., Committee on Prevention and Control of Sexually Transmitted Diseases, Institute of Medicine. *The Hidden Epidemic.* Washington, D.C.: National Academy Press, 1997.

Fabes, Richard A., et al. "Personality and Social Development Parental Coping with Children's Negative Emotions: Relations with Children's Emotional and Social Responding." *Child Development* 72 (May-June 2001): 907.

"Facts in Brief: Teen Sex and Pregnancy." 1995 National Survey of Family Growth and 1995 National Survey of Adolescent Males. New York: The Alan Guttmacher Institute, 1998.

Fleming, D. T., et al. "Herpes Simplex Virus Type 2 in the United States 1976 to 1994." *New England Journal of Medicine* 337(1997): 1105-60.

Fortenberry, J. Dennis. "Unveiling the Hidden Epidemic of Sexually Transmitted Diseases." *Journal of the American Medical Association* 287 (2002): 768-69.

Graydon, John. "Depression." University of Michigan Advances in Psychiatry Audiology Library 30, no. 16 (2002).

Greenlee, Robert, Taylor Murray, Sherry Bolden, and Phyllis A. Wingo. "Cancer Statistics 2000." *CA: A Cancer Journal for Clinicians* 50 (2000): 7-33.

Guidelines for Comprehensive Sexuality Education, Kindergarten-12th Grade, second edition. National Guidelines Task Force. New York: Sexuality Information and Education Counsel of the United States, 1996.

Gutzwiller, Joeanne, PhD, J. M. Oliver, PhD, and Barry M. Katz, PhD. "Eating Dysfunctions in College Women: The Roles of Depression and Attachment to Fathers." *Journal of American College Health* 52, no. 1: 27-32.

Hallfors, Denise D., PhD, et al. "Which Comes First in Adolescence: Sex and Drugs or Depression?" *American Journal of Preventative Medicine* 29 (2005): 163-70.

Hertel, Bradley R., and Michael J. Donahue. "Parental Influences on God Images Among Children: Testing Durkheim's Metaphoric Parallelism." *Journal for the Scientific Study of Religion* 34 (June, 1995): 186-99.

Horn, Wade F., PhD, and Tom Sylvester. *Father Facts*, fourth edition. Gaithersburg, MD: National Fatherhood Initiative, 2002.

——. *Father Facts* research notes. National Fatherhood Initiative, http://www.fatherhood.org.\fatherfacts_rsh.asp.

Huston, Aleatha C., Ellen Wartella, and Edward Donnerstein. *Measuring the Effect of Sexual Content in the Media*. Menlo Park, CA: The Henry J. Kaiser Family Foundation, May 1998.

Jones Jessop, Dorothy. "Family Relationships as Viewed by Parents and Adolescents: A Specification." *Journal of Marriage and the Family* 43 (February 1981): 95-107.

Kelly, Joe. "Dads and Daughters: Grass Roots Advocacy." *Pediatric Nursing* 27 (July 2001): 391.

à Kempis, Thomas. *The Imitation of Christ*. New York: Dorset Press, 1952.

Kenny, Maureen E., and Laura A. Gallagher. "Instrumental and Social\ Relational Correlates of Perceived Maternal and Paternal Attachment in Adolescence." *Journal of Adolescence* 25 (2002):203-19.

Knafo, Ariel, and Shalom H. Schwartz. "Parenting and Adolescents' Accuracy and Perceiving Parental Values." *Child Development* 74 (March 2003): 595.

Knox, Sarah S., PhD, et al. "Measuring Parenting from an Epidemologic Perspective." National Children's Study Workshop, October 4, 2004. http://www.nationalchildrensstudy.gov\events\workshops\measuring_parenting_102004.cfm.

Kunkel, Dale, et al. "Sex on TV: Content and Context." Menlo Park, CA: The Henry J. Kaiser Family Foundation, 1999.

Larson, David B., MD, MSPH, and Susan S. Larson, MAT. "The Forgotten Factor in Physical and Mental Health: What Does the Research Show? An Independent Study Seminar." Rockville, MD:National Institute for Health

Care Research, 1994.

Levine, Michael, PhD. "10 Things Parents Can Do to Help Prevent Eating Disorders." National Eating Disorders Association, 2005. http://www.nationaleatingdisorders.org.

Lickona, T., and Davidson, M. *Smart & Good High Schools: Integrating Excellence and Ethics for Success in School, Work, and Beyond.* Cortland, NY: Center for the 4th and 5th Rs (Respect and Responsibility); Washington, D.C.: Character Education Partnership, 2005.

Lynn, David B. "The Husband-Father Role in the Family." *Marriage and Family Living* 23 (August 1961): 295-96.

Mansfield, Harvey. *Manliness*. New Haven and London: Yale University Press, 2006.

——. "The Manliness of Men." *American Enterprise* 14 (2003): 32-34.

McGuire, Shirley, et al. "Perceived Competence and Self-Worth During Adolescence: A Longitudinal Behavioral Genetic Study." *Child Development* 70 (November-December 1999): 1283-96.

Moore, Mignon R., and P. Lindsay Chase-Lansdale. "Sexual Intercourse and Pregnancy among African American Girls in High-Poverty Neighborhoods: The Role of Family and Perceived Community Environment." *Journal of Marriage and Family* 63(November 2001): 1146.

Morbidity and Mortality Weekly Report Surveillance Summaries, Vol. 53 (May 21, 2004): 1-20. http://www.cdc.gov/mmwr/.

Mueller, Walt. *Understanding Today's Youth Culture*. Wheaton, IL: Tyndale House Publishers, Inc., 1994.

National Center for HIV, STD, and TB Prevention, Centers for Disease Control, U.S. Department of Health and Human Services. "Tracking the

Hidden Epidemics." http://www.cdc.gov.

National Institute of Allergy and Infectious Diseases, National Institutes of Health, Department of Health and Human Services. "Workshop Summary: Scientific Evidence on Condom Effectiveness for Sexually Transmitted Disease Prevention," July 20, 2001.

"New Study Finds Kids Spend Equivalent of Full Work Week Using Media." Press Release, The Henry J. Kaiser Family Foundation, November 29, 1999.

Nicholi, Armand M. Jr., ed. The Harvard *Guide to Psychiatry*, third edition. Cambridge, MA: The Belknap Press of Harvard University Press, 1999.

O'Malley, William J., SJ. *God: The Oldest Question*. Chicago, IL: Loyola Press, 2000.

Parmelee, Dean X. *Child and Adolescent Psychiatry*. St. Louis, MO: Mosby Publishing, 1996.

Pascal, Blaise. *The Provincial Letters; Pensees; Scientific Treatises*. Chicago, IL: Encyclopedia Britannica, Inc., 1971.

Smith, Christian, and Melinda Lundquist Denton. *Soul Searching: The Religious and Spiritual Lives of American Teenagers*. New York: Oxford University Press, 2005.

Strobel, Lee. *The Case for Faith: A Journalist Investigates the Toughest Objections to Christianity*. Grand Rapids, MI: Zondorvan, 2000.

"The National Longitudinal Study of Adolescence," 1997: 1-35. http://www.cpc.unc.edu\addhealth.

Tozer, A. W. *The Pursuit of God: The Human Thirst for the Divine*. Camp Hill, PA: Christian Publications, Inc., 1982.

Volkmar, Susan. "Child-Father Interaction May Predict Suicide Reattempts."

Clinical Psychiatry News 33 (August 2005): 63.

Walboomers, J. M., et al. "Human Papillomavirus Is a Necessary Cause of Invasive Cervical Cancer Worldwide." *Journal of Pathology* 189 (1999): 12-19.

Wald, A., A. G. M. Langenberg, K. Link, et al. "Effect of Condoms on Reducing the Transmission of Herpes Simplex Virus Type 2 from Men to Women." *Journal of the American Medical Association* 285 (2001): 3100-06.

Wenk, Dee Ann, et al. "The Influence of Parental Involvement on the Well-being of Sons and Daughters." *Journal of Marriage and Family* 56 (February 1994): 229-34.

Yancey, Philip. *Soul Survivor: How 13 Unlikely Mentors Helped My Faith Survive the Church*. New York: Galilee and Doubleday, 2001.

Yeung, W. Jean, et al. "Children's Time with Fathers in Intact Families." *Journal of Marriage and Family* 63 (February 2001): 136.

Zhou, Qing, et al. "Personality and Social Development: The Relations of Parental Warmth and Positive Expressiveness to Children's Empathy-Related Responding and Social Functioning: A Longitudinal Study." *Child Development* 73 (May-June 2002): 893.

致　谢

我想感谢很多非凡的人,他们帮我完成了这本非凡的书。首先,我要感谢道格(Doug)和朱迪(Judy),感谢你们了不起的生活方式,你们的启发非常有感染力,你们的信念值得效仿。

我也要感谢雷吉纳利的亲友们,谢谢你们。谢谢马吉·罗斯(Marji Ross)的鼓励,你是一个强大的女人。卡伦·安德森(Karen Aderson),感谢你的热情、机智和对我开启写作生涯的帮助。我的编辑哈利·克罗克(Harry Crocker),谢谢你的睿智、耐心和善良。宝拉·卡罗尔(Paula Currall)和凯特·莫斯(Kate Morse),谢谢你们在本书的最终编辑中发挥的专业素养。安吉拉·菲尔普斯(Angela Phelps),谢谢你的热情和坚持不懈。感谢我出色的研究助理吉尔·帕蒂尼(Jill Pardini)。

最后,我要感谢我伟大的朋友安妮·曼恩(Anne Mann),谢谢你的竭诚奉献、惊人的耐心和爱心。

Hill, and W. Jean Yeung），"父亲的行为和儿童的素质"（"Fathers' Activities and Children's Attainments"），网址：www.fatherhood.org.

42. 同上。

43. 哈里斯·戈尔茨坦（Harris Goldstein），"父亲的缺席和 12-17 岁的孩子认知能力的发展"（"Fathers' absence and cognitive development of 12-17 year-olds"），《心理学报告》（*Psychological Reports*）51 (1982): 843-8.

44. 美国基督教青年会，200 多例家庭调查（YMCA 200 Strong Families' Survey）。

45. 约瑟夫·E. 施瓦茨等（Joseph E. Schwartz et al.），"社会人口统计学和心理社会因素在儿童与成人死亡率的预测中的作用"（"Sociodemographic and psychosocial factors in childhood as predictors of adult mortality"）《美国公共卫生杂志》（*American Journal of Public Health*）85 (1995): 1237-45.

46. 克劳·威斯尔-格林（Claudette Wassil-Grimm），《爸爸在哪里？当父亲缺席，离婚、单身和寡居的母亲能给孩子提供什么？》（*Where's Daddy? How divorced, single and widowed mothers can provide what's missing when dad's missing*），纽约：远眺出版社 (New York: Overlook Press)，1994 年。

47. 亨利·比勒 (Henry Biller)，《父亲与家庭：父系因素在儿童发展中的作用》(*Fathers and Families: Paternal factors in child development*)，韦斯特波特，CT：格林伍德出版集团有限公司 (Westport, CT: Greenwood Publishing Group, Inc.)，1993 年。

48. R. P. 莱德曼，W. 陈和 C. 罗伯茨-格雷（R. P. Lederman, W. Chan, and C. Roberts-Gray），"12-14 岁青少年的性态度的风险：家长与青少年的比较调查"（"Sexual risk attitudes and intentions of youth aged 12-14 years: Survey comparisons of parent-teen prevention and control

groups"),《行为医学》(*Behavioral Medicine*) 29 (2004): 155-63.

49. 李·史密斯（Lee Smith），"反常的新福利"（"The new welfare of illegitimacy"）《财富》(*Fortune*),1994 年 4 月, 81-94.

50. 马克·克莱门斯(Mark Clemens),《游行》(*Parade*),1997 年 2 月 2 日；E. M. 赫瑟林顿和 B·马丁（ E. M. Hetherington and B. Martin ），"家庭互动"（"Family Interaction"），《童年时期的精神病理学障碍》(*Psychopathological Disorders of Childhood*)，纽约：约翰 - 威利公司，1979(New York: John Wiley & Sons, 1979): 247-302.

51. 赫瑟林顿和马丁（Hetherington and Martin），"家庭互动"（"Family Interaction"）。

52. 同上。

53. 芭芭拉·达福·怀特斯通（ Barbara Dafoe Whitehead），"支离破碎的家庭面临的挑战"（"Facing the Challenges of Fragmented Families"），《慈善论坛》(*Philanthropy Roundtable*) 9.1 (1995): 21.

54. N. 吉禄和卡罗尔·舍恩伯格（ N. Zill and Carol Schoenborn），"儿童的发展、学习和情绪问题：我们国家的儿童健康"（"Child development, learning and emotional problems: Health of our nation's children"），国家卫生统计中心卫生与公众服务高级数据，1990 年，美国能源部（华盛顿特区：GPO, 1990 年）(U.S. Department of Health and Human Services, National Center for Health Statistics, Advance Data 1990, [Washington, D.C.: GPO, 1990])。

55. 赫瑟林顿和马丁（ Hetherington and Martin），"家庭互动"（"Family Interaction"）。

56. 理查德·科斯特纳、卡罗尔·弗兰茨和乔尔·温伯格（Richard Koestner, Carol Franz, and Joel Weinberger），"移情关注的家庭起源：26 年的纵向研究"（"The family origins of empathic concern: A twenty-six-year longitudinal study"），《人格与社会心理学》(*Journal

of Personality and Social Psychology》58 (1990): 709-17.

57. 韦德·F.霍恩和汤姆·西尔维斯特（Wade F. Horn and Tom Sylvester），《父亲的事实》(Father Facts),（马里兰州盖瑟斯堡：全国父权行动，2002年）(Gaithersburg, MD: National Fatherhood Initiative, 2002)。

58. 同上。

59. C. D. 里弗和M. M. 塞尔策（C. D. Ryff and M. M. Seltzer），《中年育儿经验》(The Parental Experience in Midlife)，芝加哥：芝加哥大学出版社（Chicago: University of Chicago Press），1996年。

第3章 你是她的初恋

1. http://www.medinstitute.org/health/critical_concepts.html?critical_concepts_item=9736&db_item=listitem.

2. 乔安妮·古茨维勒，J. M. 奥利弗和巴里·M. 卡茨(Joeanne Gutzwiller, J. M. Oliver, and Barry M. Katz)，"高校女性饮食障碍：抑郁症与依恋父亲"（"Eating Dysfunctions in College Women: The Roles of Depression and Attachment to Fathers"），《美国大学健康杂志》(Journal of American College Health) 52 (1): 27-32.

3. http://www.mayoclinic.com/health/anorexia/DS00606/DSECTION=7.

4. L. B. 明茨和N. E. 贝茨（L. B. Mintz and N. E. Betz），"本科女性饮食失调患病率和相关因素"（"Prevalence and Correlates of Eating Disordered Behaviors among Undergraduate Women"），《心理咨询与心理学》(Journal of Counseling and Psychology) 35 (1988): 463-71.

5. R. A. 博塔和R. 达姆洛（R. A. Botta and R. Dumlao），"父亲和女儿之间的冲突和沟通模式如何导致或消除饮食失调？"（"How Do Conflict and Communication Patterns between Fathers and Daughters Contribute to or Offset Eating Disorders?"），《健康传播》(Health Communication) 2002; 14 (2): 199-219.

6. 古茨维勒、奥利弗和卡茨（Gutzwiller, Oliver, and Katz），"高校女性饮食障碍"（"Eating Dysfunctions in College Women"）。

7. 同上。

第5章　保护她，捍卫她

1. 《同一个声音：美国成年人和青少年少女怀孕全国调查》（*With One Voice: America's Adults and Teens Sound Off about Teen Pregnancy—A National Survey*）（华盛顿特区：美国防止少女怀孕全国运动，2001年4月）（Washington, D.C.: The National Campaign to Prevent Teen Pregnancy, April 2001）。

2. "电视上的性4：执行摘要2005"（"Sex on TV 4: Executive Summary 2005"），亨利·J.凯泽基金会执行摘要（Henry J. Kaiser Foundation Executive Summary），网址：http://www.kff.org/entmedia/upload/Sex-on-TV-4-Executive-Summary.pdf。

3. D. T. 弗莱明等（D. T. Fleming et al.），"1976年至1994年美国的II型疱疹病毒"（"Herpes Simplex Virus Type 2 in the United States, 1976 to 1994"），《新英格兰医学杂志》（*New England Journal of Medicine*）337 (1997): 1105-60。

4. J. M. 瓦尔布姆尔等（J. M. Walboomers et al.），"人乳头瘤病毒是导致宫颈癌的必然原因"（"Human Papillomavirus Is a Necessary Cause of Invasive Cervical Cancer Worldwide"），《病理学杂志》（*Journal of Pathology*）189 (1999): 12-19。

5. C. M. 罗伯茨、J. R. 菲斯特和S. J. 斯皮尔（C. M. Roberts, J. R. Pfister, and S. J. Spear），"I型单纯疱疹——正在增加的大学生生殖器疱疹感染原因"（"Increasing Proportion of Herpes Simplex Type 1 as a Cause of Genital Herpes Infection in College Students"），《性传播疾病》（*Sexually Transmitted Diseases*）2003 (10): 801-02。

6. 托马斯·R. 英格和威廉·T. 巴特勒(Thomas R. Eng and William T. Butler, eds.), 医学研究会性病预防和控制委员会(Committee on Prevention and Control of Sexually Transmitted Diseases, Institute of Medicine),《隐藏的流行病：直面性传播疾病》(*The Hidden Epidemic: Confronting Sexually Transmitted Disease*)(华盛顿特区：美国国家科学院出版社，1997年)(Washington, D.C.: National Academy Press, 1997)。

7. D. N. 菲斯曼、M. 里普斯西、E. W. 胡克和 S. J. 戈尔迪（D. N. Fisman, M. Lipsich, E. W. Hook, III, and S. J. Goldie),"美国Ⅱ型生殖器单纯疱疹疫情与代价未来预测"("Projection of the Future Dimensions and Costs of the Genital Herpes Simplex Type 2 Epidemic in the United States"),《性传播疾病》(*Sexually Transmitted Diseases*), 20022.10, 29 (10): 608-22.

8. 国家艾滋病、性病和结核病预防中心，卫生与人类服务部疾病控制和预防中心（National Center for HIV, STD, and TB Prevention, Centers for Disease Control and Prevention, U.S. Department of Health and Human Services),"跟踪隐藏疫情"("Tracking the Hidden Epidemics"), 网址：www.cdc/gov.com.

9. 同上。

10. 英格和巴特勒（Eng and Butler),《隐藏的流行病》(*The Hidden Epidemic*)。

11. 国家艾滋病、性病和结核病预防中心（National Center for HIV, STD, and TB Prevention, Centers for Disease Control and Prevention),"跟踪隐藏疫情"("Tracking the Hidden Epidemics")。

12. 同上。

13. 瓦尔布姆尔等（Walboomers et al.),"人乳头瘤病毒是导致宫颈癌的必然原因"("Human Papillomavirus Is a Necessary Cause of Invasive Cervical Cancer Worldwide")。

14. J. 莫克等（J. Mork et al.），"人乳头瘤病毒感染是导致头颈鳞状细胞癌的危险因素"（"Human Papillomavirus Infection as a Risk Factor for Squamous Cell Carcinoma of the Head and Neck"）《新英格兰医学杂志》（New England Journal of Medicine）15 (2001): 1125-31.

15. 弗莱明等（Fleming et al.），"1976 年至 1994 年美国的 II 型疱疹病毒"（"Herpes Simplex Virus Type 2 in the United States"）。

16. R. 莱克特、K. 约翰逊、L. 诺伊斯和 S. 马丁（R. Rector, K. Johnson, L. Noyes, and S. Martin），"早期性行为和妇女拥有多个性伴侣的害处：图表集"（"The harmful effects of early sexual activity and multiple sexual partners among women: A book of charts"），华盛顿特区：赫里蒂奇基金会（Washington, DC: The Heritage Foundation），2003。网址：http://www.heritage.org/Research/Family/loader.cfm?url=/commonspot/security/getfile.cfm&PageID =44695.

17. 同上。

18. L. 华纳、J. 克莱华纳、J. 伯尔斯和 J. 威廉森（L. Warner, J. Clay-Warner, J. Boles, and J. Williamson），"安全套使用行为评估：评估方法和使用效率"（"Assessing Condom Use Practices: Implications for Evaluating Method and User Effectiveness"），《性传播疾病》（Sexually Transmitted Diseases）25 (1998): 273-77.

19. 美国卫生和人类服务部国立卫生研究院，国家过敏和传染病研究所（National Institute of Allergy and Infectious Diseases, National Institutes of Health, Department of Health and Human Services），"研讨会综述：安全套防治性病的有效性的科学证明"（"Workshop Summary: Scientific Evidence on Condom Effectiveness for Sexually Transmitted Disease Prevention"），2001 年 7 月 20 日。

20. L. 顾、F.L. 索恩斯坦和 J.H. 普莱克（L. Ku, F. L. Sonenstein, and J. H. Pleck），"年轻人的安全套使用动态与交叉关系"（"The Dynamics of

Young Men's Condom Use During and Across Relationships"),《计划生育展望》(*Family Planning Perspectives*) 26 (1994): 246-51.

21. 丹尼斯·哈尔福斯等(Denise D. Hallfors, et al.), "性、毒品与抑郁:青春期谁为先?"("Which Comes First in Adolescence: Sex and Drugs or Depression?"),《美国预防医学杂志》(*American Journal of Preventive Medicine*) 29 (2005):3.

第7章 成为你想让她嫁给的那个男人

1. 托马斯·林克纳和马修·戴维森(Thomas Lickona and Matthew Davidson), "聪明的好高中:道德与学业、工作的成功结合与超越"("Smart & Good High Schools: Integrating excellence and ethics for success in school, work, and beyond")。

第8章 教导她信仰是什么

1. 克里斯蒂安·史密斯与梅林达·朗魁斯特·登顿(Christian Smith with Melinda Lundquist Denton),《自我反省:美国青少年的宗教和精神生活》(*Soul Searching: The Religious and Spiritual Lives of American Teenagers*), 纽约:牛津大学出版社, (New York: Oxford University Press), 2005, 218-64.2. 同上。
3. 同上。
4. 同上。
5. 同上。
6. 同上。
7. 同上。
8. 同上。
9. 同上。
10. 同上。

11. 同上。

12. 迈克尔·D. 雷斯尼克等（Michael D. Resnick et al.），"保护青少年免受危害：青少年健康国家纵向调查结果"（"Protecting Adolescents from Harm: Findings from the National Longitudinal Survey of Adolescent Health"），《美国医学协会期刊》（*Journal of the American Medical Association*）278 (1997): 823-32.

13. 史密斯与登顿，222.

14. 同上。

15. 同上。

16. 同上。

17. 同上。

18. 同上。

19. 同上。

20. J. W. 辛哈等（J. W. Sinha et al.），"青少年危险行为与宗教：全国研究发现"（"Adolescent Risk Behaviors and Religion: Findings from a National Study"），《青春期杂志》（*Journal of Adolescence*）2006 年 5 月 3 日，网址：http://doi:10.1016/j.adolescence.2006.02.005.

21. 史密斯与登顿，21.

22. G. W. 康斯托克和 K. B. 帕特里奇（G. W. Comstock and K. B. Partridge），"教堂礼拜与健康"（"Church Attendance and Health"），《慢性病杂志》（*Journal of Chronic Disease*）25 (1972): 665-72.

23. S. 斯塔克等（S. Stack et al.），"1954 年至 1978 年制度化宗教对自杀率的降低"（"The Effect of the Decline in Institutionalized Religion on Suicide, 1954-1978"），《宗教科学研究》（*Journal for the Scientific Study of Religion*）22: 239-52.

24. R.L. 戈萨奇和 D. 艾伦希尔（R. L. Gorsuch and D. Aleshire），"基督教信仰和民族偏见：研究回顾与解读"（"Christian Faith and Ethnic

Prejudice: A Review and Interpretation of Research"),《宗教科学研究》（*Journal for the Scientific Study of Religion*）13（1982）281-307.

25. 同上。
26. 同上。
27. 同上。
28. 史密斯与登顿 30-71.
29. 同上。
30. 同上。
31. 疾病控制中心（Centers for Disease Control），《发病率和死亡率周报》（*Morbidity and Mortality Weekly Report*），2006年6月9日，1-108.
32. 小阿曼德·M. 尼克里（Armand M. Nicholi, Jr., ed.），《哈佛精神病指南》（*The Harvard Guide to Psychiatry*），麻省剑桥，哈佛大学贝尔纳普出版社(Cambridge, MA: The Belknap Press of Harvard University Press)，1999，622-23.
33. A. M. 卡尔普，M. M. 克莱曼和 R. E. 卡尔普（A. M. Culp, M. M. Clyman, and R. E. Culp），"青少年情绪抑郁、自杀企图与求救报告"（"Adolescent Depressed Mood, Reports of Suicide Attempts, and Asking for Help"），《青春期杂志》（*Adolescence*）30: (1995) 827-37.
34. 简·R. 迪基等（Jane R. Dickie et al.），"亲子关系与孩子眼中的上帝"（"Parent-Child Relationships and Children's Images of God"），《宗教科学研究》（*Journal for the Scientific Study of Religion*），1997，36 (1): 25-43.
35. 同上。
36. 同上。
37. 史密斯与登顿。
38. 同上。
39. 同上。
40. 同上。
41. 同上。

图书在版编目（CIP）数据

强爸爸 好女儿：父亲决定女儿一生的10个秘密／（美）米克著；孙璐译．－－北京：中央编译出版社，2015.6

书名原文：Strong fathers, strong daughters: 10 secrets every father should know

ISBN 978-7-5117-2519-6

Ⅰ．①强⋯ Ⅱ．①米⋯ ②孙⋯ Ⅲ．①女性－家庭教育 Ⅳ．① G78

中国版本图书馆 CIP 数据核字（2015）第 012675 号

Strong Fathers, Strong Daughetrs: 10 Secrets Every Father Should Know
Copyright: © 2006 by Meg Meeker, M.D.
This edition arranged with Regnery Publishing
Through Big Apple Agency, Inc.
Simplified Chinese edition copyright:2015 Beijing Green Beans Book Co., Ltd.
All rights reserved.

强爸爸 好女儿

出 版 人：	刘明清
出版统筹：	贾宇琰
责任编辑：	廖晓莹
特约编辑：	陈朝阳
出版发行：	中央编译出版社
地　　址：	北京西城区车公庄大街乙 5 号鸿儒大厦 B 座（100044）
电　　话：	（010）52612345（总编室）（010）52612341（编辑室）
	（010）52612316（发行部）（010）52612317（网络销售）
	（010）52612346（馆配部）（010）55626985（读者服务部）
传　　真：	（010）66515838
经　　销：	全国新华书店
印　　刷：	北京凯达印务有限公司
开　　本：	710 毫米 ×1000 毫米　1/16
字　　数：	220 千字
印　　张：	15.25
版　　次：	2015 年 6 月第 1 版第 1 次印刷
定　　价：	32.80 元
网　　址：	www.cctphome.com　　邮　　箱：cctp@cctphome.com
新浪微博：	@中央编译出版社　　微　　信：中央编译出版社（ID:cctphome）
淘宝店铺：	中央编译出版社直销店（http://shop108367160.taobao.com）（010）52612349

本社常年法律顾问：北京市吴栾赵阎律师事务所律师　闫军　梁勤
凡有印装质量问题，本社负责调换。电话：（010）55626985